제발 성경 좀 읽어라

제발 성경 좀 읽어라

박혁식 지음

오늘 내가 네게 명하는 이 말씀을 너는 마음에 새기고 네 자녀에게 부지런히 가르치며 집에 앉았을 때에든지 길을 갈 때에든지 누워 있을 때에든지 일어날 때에든지 이 말씀을 강론할 것이며 너는 또 그것을 네 손목에 매어 기호를 삼으며 네 미간에 붙여 표로 삼고 또 네 집 문설주와 바깥 문에 기록할지니라

신명기 6:6-9

Genesis
Exodus
Leviticus
Numbers
Deuteronomy
Joshua
Judges
Ruth
1 Samuel
2 Samuel
1 king
2 king
1 Chronicles
2 Chronicles
Ezra
Nehemiah
esther
job
Psalms
Proverbs
Ecclesiastes
Song of Songs
Isaiah
Jeremiah
Lamentations
Ezekiel
Daniel
Hosea
joel
amos
Obadiah
jonah
micah
nahum
habakkuk
Zephaniah
Haggai
Zechariah
Malachi
Matthew
mark
luke
john
The Acts
Roman
1 Corinthians
2 Corinthians
Galatians
ephesians
Philippians
Colossians
1 Thessalonians
2 Thessalonians
1 Timothy
2 Timothy
Titus
Philemon
Hebrews
James
1 Peter
2 Peter
1 John
2 John
3 John
Jude
Revelation

도서출판 영문

서문

신학대학원을 다닐 때 제자훈련을 받은 적이 있다. 매주 수제가 매일 성경을 35장씩 읽는 것이다. 그것도 마음을 집중해서 읽어야 한다. 읽다가 혹 딴 생각을 하면 처음부터 다시 읽어야 한다. 그렇게 읽기가 쉽지 않았다. 아니 불가능할 정도였다.

한 번은 학생 모두가 성경을 많이 읽지 않았다. 단체 기합을 받았다. 신을 벗어 양손에 들고 맨발로 시내를 뛰었다. 물론 우리를 지도하시는 목사님도 함께 뛰셨다. 중간 중간에 '성경읽기 성경읽기' 라고 하며 구호도 했다. 장정 열 세 명이 두 줄로 맞추어 뛰었다. 그 중에는 자매도 두 명이 있었다. 길 가던 사람들이 모두 쳐다보고 수군거렸다.

필자가 신학대학원을 다닐 때는 학생들 사이에서 성경읽기 운동이 활발했다. 수업이 끝나면 삼삼오오 짝을 지어서 성경을 읽었다. 녹음기의 회전 속도를 두 배로 해서 속독을 하기도 했다. 이런 훈련을 통해 매일 매일 성경읽기를 생활화하게 되었다.

이 때 받은 훈련은 선교지에 와서 큰 도움이 되었다. 이곳은 교회 생활이 자유롭지 못하다. 혼자서 자기 영성을 관리해야 한다. 출장이 잦을 때는 주일 예배만 겨우 참석할 때도 있다. 그것도 이 나라 말로 하는 예배다. 이런 상황이다 보니 성경읽기는 영성관리에 더 없이 좋은 방법이 되었다. 특히 수 십 시간씩 기차를 타고 갈 때는 성경이야말로 정말 좋은 친구다.

이 나라 신학생들과 성도들도 성경을 잘 읽지 않는다. 모두들 바쁘다. 그래서 읽기를 소홀히 한다. 자기들 끼리 하는 이야기가 성경이 장식품이라고 한다. 이들에게 성경읽기를 독려하기 위해서 교안을 만들었다. 이런 과정 속에서 성경읽기를 주 사역으로 정했다. 신학생들과 지도자들에게는 삼위일체 주님 중심으로 성경을 읽는 방법을 가르친다.

쉐마교육을 받고 신앙명가 세우기에 대해 관심을 가지게

되었다. 건강한 가정을 세우는 것도 결국은 전 가족이 같이 성경을 읽으면 가능하겠다는 생각이 들었다. 자자손손 신앙을 전수하는 방법도 역시 가족이 함께 성경을 읽으면 된다. 꿈이 있다면 자연 경관이 수려한 곳에 가족이 함께 성경을 읽는 센터를 세우는 것이다. 가족이 함께 와서 성경도 읽고 교제해서 건강한 가정이 되도록 돕는 일이다.

이 책을 지난 10년 동안 변함없이 기도와 물질로 후원해 주신 여러 후원자님들께 바친다. 아울러 이 책을 만들 수 있도록 도움을 주신 거제 섬김의 교회 김은성 목사님과 여름 단기 선교팀에게 드린다.

2012. 11.

창의적 접근지역 어느 곳에서 **박혁식**

Contents

서론

이라크에서 전투 중이던 한 미군 병사가 심장 부근에 총탄을 맞았다. 그런데 아무런 문제가 없었다. 나중에 알고 보니 전투복의 호주머니 안에 성경이 있었다. 총탄이 성경을 뚫지 못한 것이다. 말하자면 성경이 총탄을 붙잡은 것이다. 성경이 생명을 살렸다. 드물게 있는 일이지만 시사 하는 바가 크다. 성경은 영혼 뿐 아니라 육체의 생명도 살린다는 것을 교훈한다.

신앙생활의 기본은 대략 다섯 가지이다. 성경을 읽고 묵상하는 것, 기도, 찬양, 전도 및 봉사, 성도와의 거룩한 교제이다. 이 다섯 가지 생활을 균형 있게 해야 한다. 그런데 이 모두를 가능하도록 만들어 주는 것이 뭐냐 할 때? 성경읽기이다. 성경을 꾸준히 읽으면 나머지 네 가지도 자연스럽게 실천

할 수 있다. 왜냐하면 주님의 말씀 속에 다른 네 가지도 균형 있게 하라고 권고하기 때문이다.

그런데 아쉽게도 성도들이 성경읽기를 소홀히 한다. 성도들이 성경을 읽지 않는 이유는 여러 가지이다. 첫째는 신앙생활이 나태해졌기 때문이다. 경제생활이 점점 나아지면서 열정이 식었다. 두 번째는 볼거리가 이전 보다 훨씬 많아졌다. T.V, P.C, 영화, 각종 서적과 신문을 보는데 시간을 빼앗긴다. 세 번째는 생활이 바쁘다. 직장 일은 말할 것도 없거니와 각종 모임이 많다. 한 주간이 한 순간에 지나간다.

그러나 성경읽기를 소홀히 하는 가장 큰 원인은 다른 데 있다. 그것은 성경이 신앙생활에 얼마나 중요한지를 몰라서 그렇다. 아니 주님께서 성경읽기를 얼마나 강조하시는지를 몰라서 그렇다. 그래서 성경을 통하여 주님께서 성경읽기를 얼마나 강조하시는지를 살펴보고자 한다.

01

제발 성경 좀 읽어라

민수기 15:37-41

37 여호와께서 모세에게 일러 가라사대 38 이스라엘 자손에게 명
하여 그들의 대대로 그 옷단 귀에 술을 만들고 청색 끈을 그 귀의
술에 더하라 39 이 술은 너희로 보고 여호와의 모든 계명을 기억하
여 준행하고 너희로 방종케 하는 자기의 마음과 눈의 욕심을 좇지
않게 하기 위함이라 40 그리하면 너희가 나의 모든 계명을 기억하
고 준행하여 너희의 하나님 앞에 거룩하리라 41 나는 너희의 하나
님이 되려 하여 너희를 애굽 땅에서 인도하여 낸 여호와 너희 하나
님이니라. 나는 여호와 너희 하나님이니라.

민수기는 이스라엘 백성들이 출애굽해서 가나안을 향하여 가는 여정을 기록하고 있다. 일종의 역사서다. 13장에 보면 모세가 12명의 정탐꾼을 선발한다. 각 지파에서 한 명씩이다. 가나안을 정탐하기 위해서다. 정탐꾼들이 40일간 가나안을 정탐하고 돌아온다(민13:25). 갈렙이 모세에게 보고한다. 젖과 꿀이 흐르는 땅이라고 한다. 그 땅의 과일을 보여준다.

우리가 곧 올라가서 그 땅을 취하자 능히 이기리라고 한다. 하나님의 약속에 의지하여 긍정적으로 보고한다.

그러나 10명의 정탐꾼들은 부정적인 보고를 한다. 그 땅 거주민은 강하고 성읍은 견고하고 심히 크다. 거기서 아낙 자손을 보았다. 그 백성을 치지 못한다. 그들은 우리보다 강하다. 그 땅은 그 거주민을 삼키는 땅이다. 거기서 본 모든 백성은 신장이 장대한 자들이라고 말한다.

14장에는 10명이 말한 부정적인 보고를 들은 백성들이 낙심하고, 불평하고 불신앙하는 내용이 있다. 그러자 주님이 그들을 징계하신다. 징계는 두 가지 의미가 있다. 첫 번째는 이전의 일은 모두 지나갔다. 끝났다는 의미가 있다. 두 번째는 새로운 출발을 의미한다. 말하자면 가나안을 향하여 새롭게 출발한다는 뜻이다. 십자가도 일종의 심판이다. 인간의 죄를 해결하기 위해서 하나님이 그의 아들인 예수님에게 내리시는 심판이다. 이 십자가에도 바로 그런 두 가지 의미가 있다. 이전의 모든 죄는 해결되었다. 이제 새롭게 출발하자. 새로 시작하자는 의미가 있다.

15장에서는 새 출발할 때에 주님께서 세 가지를 말씀하신다. 즉 가나안에 들어간 후 해야 할 중요한 일 세 가지다. 1절부터 31절에서는 제사와 제물에 대해 설명하신다. 가나안에 들어가면 하나님께 제사를 바르게 지내라. 마음과 뜻을 다하여 제물을 드리라는 등의 말씀을 하신다. 오늘날로 말하면 하나님은 영이시니 신령과 진정으로 예배하라는 말씀이다.

32절부터 36절에서는 안식일에 일한 사람을 죽이는 사건이 기록되어 있다. 안식일을 잘 지킬 것을 사건을 통하여 경고하신다. 안식일을 잘 지키는 것이 중요하다. 안식일은 언약의 표징이다(겔20:12). 제사를 잘 지내는 일과 안식일을 잘 지키는 일, 이 두 가지는 아주 중요하다. 주님이 그의 나라를 개혁하실 때 항상 이 두 가지를 먼저 점검하신다(겔22:8).

세 번째가 뭐냐 할 때? 성경을 읽고 기억하라고 하신다. 세 가지를 강조하시는데 그 중에 하나가 성경에 대한 강조이다. 중요한 계명들이 많이 있다. 그러나 그 중에 세 가지를 말씀하시면서 성경을 많이 읽으라고 강조하신다. 무슨 지시를 할 때 첫째 둘째 셋째는 항상 중요하다. 그런데 그 중에 하나가 성경읽기이다.

성경읽기를 강조하기 위해서 주님이 요구하시는 방법이 재미있다. 38절에서 "그들의 대대로 그 옷단 귀에 술을 만들고 청색 끈을 그 귀의 술에 더하라."고 하신다. 술은 613개의 율법을 상징한다. 청색 실은 하늘을 상징하고 하나님을 상징한다. 옷단에 술을 달고 다니면 보기가 좋겠느냐? 당연히 보기 싫다. 그럼에도 그렇게 하라고 하신다.

목적이 무엇이냐 할 때? 39절에서 "이 술은 너희로 보고 여호와의 모든 계명을 기억하여 준행하고 너희로 방종케 하는 자기의 마음과 눈의 욕심을 좇지 않게 하기 위함이라."고 한다. 40절에서는 "그리하면 너희가 나의 모든 계명을 기억하고 준행하여 너희의 하나님 앞에 거룩하리라."고 하셨다. 술을 달고 다니는 목적은 그 술을 볼 때 마다 성경을 읽어서 기억하도록 하기 위해서다.

모든 사람들이 술을 달고 다니면 어디에서나 볼 수 있을 것이다. 가정에서는 물론이고, 직장에서 학교에서 거리에서 어디에서나 볼 수 있다. 이렇게 하면 하루 중 잠잘 때를 제외 하고는 술을 볼 것이다. 그 술을 볼 때 마다 성경을 기억한다. 실제로 그렇게 하면 온 종일 말씀을 기억하고 묵상하게 된다. 무시로 기도하듯 무시로 성경을 묵상하게 될 것이다.

우리는 여기서 백성들에게 성경을 읽히기 위해 애 쓰시는 주님의 열정을 보게 된다. 성경읽기를 얼마나 강조하시는지 그 모습을 보게 된다. 주님의 이런 모습은 무엇을 의미하느냐 할 때? 성경읽기가 신앙생활에 있어 아주 중요하다는 것을 의미한다. 그렇다. 성경은 읽어도 되고 안 읽어도 되는 그런 것이 아니다. 반드시 해야 되는 것이다. 선택이 아니라 필수다. 제발 성경 좀 읽도록 하자.

02

가정에서 자녀들과 함께 성경 읽기

신명기 6:4-9

4 이스라엘아 들으라 우리 하나님 여호와는 오직 유일한 여호와이시
니 5 너는 마음을 다하고 뜻을 다하고 힘을 다하여 네 하나님 여호
와를 사랑하라. 6 오늘날 내가 네게 명하는 이 말씀을 너는 마음에
새기고 7 네 자녀에게 부지런히 가르치며 집에 앉았을 때에든지, 길
에 행할 때에든지 누웠을 때에든지 일어날 때에든지, 이 말씀을 강론
할 것이며 8 너는 또 그것을 네 손목에 매어 기호를 삼으며 네 미간
에 붙여 표를 삼고 9 또 네 집 문설주와 바깥문에 기록할지니라.

신명기는 일종의 법이다. 이스라엘 백성들이 가나안에서 지켜야 할 일종의 시민법이다. 신명기 중에서 이스라엘 백성들이 가장 중요하게 생각하는 본문이 바로 이 부분이다. 지금도 그들은 이 성경구절을 양피지에 기록하여 가죽상자에 넣어서 머리에 매고 손에 부착한다. 상자에 넣어서 집 입구에 붙여 두었다. 이 성경의 내용을 실천하려고 노력한다.

아브라함 이후 수천 년이 지났다. 그럼에도 이스라엘 백성들은 하나님을 믿는다. 그렇게 될 수 있었던 중요한 이유 중에 하나가 바로 이 말씀 때문이다.

내용은 역시 성경 읽기를 강조한다. 이 본문은 민수기 15장 37절부터 41절의 내용과 비슷하다. 그러나 더 구체적이고 강조하는 강도가 높다. 단순히 옷에 있는 술을 보고 말씀을 기억하는 정도가 아니다. 6절에서 '말씀을 마음에 새기라' 고 하신다. 평소에 많이 읽고 주야로 묵상해서 마음에 새기라는 의미다. 그래야 어디서든지 주님과 교제가 가능하다. 성경을 볼 수 없는 상황에서도 묵상할 수 있다. 길을 가면서도 차안에서도 어디에서 무엇을 하든지 주님의 말씀을 묵상할 수 있다. 주님과 동행 할 수 있다.

7절에서는 네 자신만이 아니라 자녀들에게 가르치라고 하신다. 다시 한 번 보라. 누구에게 가르치라 하시느냐? 네 자녀들에게 가르치라고 하신다. 다른 아이들이 아니다. 우리 자녀들이다. 바로 내 자녀들이다.

주일학교 교사들이 다른 성도들의 자녀는 열심히 가르친다. 심방도 하고 기도도 해 준다. 없는 시간을 내어서 열심히 가르친다. 그런데 정작 자기 아이들은 소홀히 한다. 대부분이 가르치지 않는다. 주일학교에 맡겨 둔다. 자기 자녀들을 먼저 가르쳐야 한다. 주님의 명령이다. 가장 중요하고 우선적인 명령이다. 내 자녀들을 어떻게 가르쳤는지 돌아보자. 특별히 목회자들은 더욱 더 유념하자.

어떻게 가르치라고 하시느냐? 부지런히 가르치라고 하신다. 대충 대충이 아니다. 부지런히 가르치라고 하신다. 구체적인 예를 드신다. 집에 앉았을 때에든지, 길에 행할 때에든지, 누웠을 때에든지, 일어날 때에든지. 이 말씀을 강론하라고 하셨다. 아주 강조하시고 있다. 어떤 부모들은 열심히 가르쳤을 것이다. 그러나 이 정도 부지런히 가르쳤는지 점검해보자. 특히 '부지런히 가르치다' 라는 이 말의 의미는 '날카롭게 하다', '찌르다' 는 의미가 들어 있다. 칼을 날카롭게 해서 물건을 자르고 찌르듯 잘 준비해서 가르치라는 의미다.

대부분의 그리스도인들이 자녀의 신앙교육을 교회에 의탁한다. 주일학교에 의지한다. 가정에서 가르칠 생각을 하지 않는다. 그렇게 하는 것이 당연한 것이고 오늘날 그렇게 하고 있다. 나쁜 방법은 아니다. 그러나 가장 좋은 방법도 아니다. 성경은 네 자네에게 부지런히 가르치라고 했다. 그렇다. 부모가 가장 좋은 교사다. 가정이 가장 좋은 교육 장소다. 교회에서는 한 주간에 많아야 한 두 차례 성경을 가르친다. 아니 오늘날은 주일날 한 번이다. 도시의 개척교회에는 주일학교가 없는 곳도 많다. 그러나 가정은 항상 가능하다. 개인적으로 할 수 있다. 부모가 가르칠 능력이 없는 경우에는 같이 성경을 읽으면 된다. 읽는 것으로도 교육이 된다. 꾸준히 읽으면 신앙이 자란다. 낙숫물에 바위가 뚫린다는 말이 있다. 짧은 시간이지만 가정에서 꾸준히 성경을 읽으면 자녀들의 믿음이 자란다. 혹 자녀들이 어려운 질문을 하면 이후 연구해서 대답해주면 된다.

유대인 부모들은 가정에서 뿐 아니라 학교를 세워서 자녀들에게 성경적인 가치관을 가르친다. 전문적인 훈련을 받은 교사에게 위탁하여 또 성경을 가르친다. 어떤 학교는 오전에는 성경만 공부한다. 바람직한 일이다. 우리도 본받아야 할 모습이다.

재물을 모으는 목적이 무엇인가? 가장 중요한 것은 자녀들을 말씀으로 잘 양육하기 위해서이다. 그렇다면 재정을 투자하여 학교를 세워서 자녀들에게 성경을 가르쳐야 한다. 가정과 교회 그리고 학교에서 입체적으로 성경을 가르치면 우리 자녀들이 신실한 그리스도인이 될 것이다. 그러나 지금과 같은 방법으로는 신앙이 좋은 자녀로 양육하는 것은 어렵다. 특히 신앙의 명가를 세우는 일은 더욱 힘들다. 전 국회의원이었던 홍정욱씨의 부모는 과외 선생님을 두고 성경을 가르쳤다고 한다.

8절부터 9절에서는 "너는 또 그것을 네 손목에 매어 기호를 삼으며 네 미간에 붙여 표를 삼고 또 네 집 문설주와 바깥문에 기록할지니라."고 했다. 왼손에 이 말씀이 들어 있는 상자를 맨다. 성경상자가 심장을 향하도록 한다. 마음 중심에 말씀을 두라는 의미이다. 손으로 하는 일이 말씀에 통제를 받으라는 의미도 있다. 이 본문이 든 상자를 이마에 붙인다. 사고하고 생각하는 것이 말씀의 통제를 받으라는 의미이다. 집 문설주에 붙인다. 나가면서 들어가면서 이 말씀을 기억하여 묵상하라는 것이다. 집안에서나 집 밖에서 하는 모든 일을 말씀에 따라 하라는 것이다.

유대인들은 지금도 그렇게 하려고 노력한다. 경문을 적어 상자에 넣어 문 입구에 붙여두고 들어오고 나갈 때 마다 손으로 만진다. 성경상자를 만진 손을 입에 댄다. 성경읽기를 소홀히 하는 현대 그리스도인들이 꼭 참고해야 할 모습이다.

과거에는 말씀을 들을 기회가 많았다. 예배 시간에는 설교자가 의례히 성경을 강해했다. 설교 내용도 대부분이 성경이야기였다. 부흥회도 많았다. 부흥회 때에도 성경을 강해했다. 성경 한권을 택하여 공부하는 경우가 많았다. 그래서 부흥사경회라고 했다. 그러나 지금은 다르다. 부흥회가 사라진지 이미 오래다. 혹 있다 해도 주로 간증집회다. 강사들이 성경을 강해하지 않는다.

주일날도 예배를 한 차례만 드리는 교회가 점점 많아지고 있다. 예배시간도 한 시간 이내다. 설교시간은 고작 25분 내외다. 이런 상황이니 성경을 배우는 것이 쉽지 않다. 성경을 강해하는 자료는 많아지고 있는데 열기는 점점 식어간다. 성경의 종류는 많고 많은데 정작 성경을 읽지 않는다. 성경 내용을 잘 모른다.

어린이 집회를 인도하러 온 강사가 한 주일학생에게 여리고성을 누가 무너뜨렸느냐고 물었단다. 그 학생이 "내가 안 그랬는데요"라고 대답했단다. 천여 명이 넘게 모인 중고등부 여름 수련회에서 성경 골든 벨을 했다. 질문 두 개로 상황이 모두 끝났다. 첫 번째 질문의 답은 성경이 모두 66 권이고, 두 번째 질문의 답은 니고데모였다. 그 답을 알아맞힌 학생이 단 한 명이었단다. 그래서 게임이 단 몇 분 만에 끝난 것이다. 무엇을 의미하는가? 어린이고 학생들이고 모두 성경을 모른다는 의미이다.

신명기 11장 18절부터 19절에서 "이러므로 너희는 나의 이 말을 너희 마음과 뜻에 두고 또 그것으로 너희 손목에 매어 기호를 삼고 너희 미간에 붙여 표를 삼아라. 또 그것을 너희의 자녀에게 가르치며 집에 앉았을 때에든지, 길에 행할 때에든지, 누웠을 때에든지, 일어날 때에든지 이 말씀을 강론하라."고 했다. 신명기 6장 4절부터 9절의 말씀을 다시 반복하고 있다. 똑 같은 말씀을 반복해서 하는 이유는 강조하기 위해서다. 크레지(Craigie)는 이 말씀을 이렇게 해석했다. "하나님의 계명은 집안과 밖, 그리고 아침부터 저녁까지의 대화의 주제가 되어야 한다. 즉 하나님의 계명이 사람의 모든 생의 영역에 침투되어져야 한다."

유대인들은 어린이가 말을 시작하면 교육을 시작한다. 제일 먼저 외우게 하는 말씀이 바로 이 말씀이다. 또 죽음이 다가 올 때 마지막으로 외우게 하는 말씀도 이 말씀이다. 이 말씀은 이스라엘 민족의 의식 깊이 새겨진 신앙고백이며 생활원리이다. 이 말씀은 단순히 내 가정만을 위한 말씀이 아니다. 자자손손 오고 올 후손들을 세우기 위한 조치이다. 이 말씀을 충실히 순종하면 수 천대에 이르기까지 믿음을 전승할 수 있다. 말하자면 신앙명가를 세울 수 있다. 주님은 오고 올 모든 후손들이 믿음의 사람이 되기를 원하신다.

신앙명가를 세우는 일은 정말 중요하다. 하지만 쉽지는 않다. 힘들다. 특별한 방법이나 노력이 없이는 불가능하다. 실제로 유명하다는 사람들의 가정과 가문을 보면 문제가 많다.

모세가 대표적이다. 모세는 이 말씀을 직접 받아서 전한 자이다. 그런 그도 자녀들을 신앙으로 교육하는 데는 성공하지 못한 것 같다. 실제로 그는 이방종교의 영향 하에 있었고 팔십 세에 소명을 받았기 때문에 자녀들을 신앙으로 교육하지 못했다. 출애굽기 18장 1절 이하에 보면 장인 이드로가 모세의 아내와 두 아들을 데리고 온다. 그 때 모세는 주님이 그들을 구원하신 일을 열심히 설명한다. 그러나 그 가족들에 대한 관심이나 언급은 전혀 없다. 유대인의 역사에도 모세의 자녀들과 후손들에 관한 기록은 없다.

엘리의 가정도 마찬가지다. 엘리는 58세에 사사로 제사장으로 불림을 받았다. 그러나 그의 아들들은 신앙이 없었다. 불량자였다. 엘리의 아들들은 행실이 나빠 여호와를 알지 못했다. 제사를 멸시하고 자기들의 욕심대로 행했다. 제물을 억지로 빼앗아 갔다. 엘리의 아들의 죄가 여호와 앞에 심히 컸다(삼상2:17). 그들이 여호와의 제사를 멸시하였다. 심지어 회막 문에서 수종드는 여인들과 동침하였다고 했다(삼상2:22).

사무엘의 아들들 역시 그렇다. 사무엘이 나이 많아 늙자 그의 아들들을 이스라엘의 사사로 삼았다. 장자의 이름은 요엘이요 차자의 이름은 아비야다. 그들이 브엘세바에서 사사가 되었다. 그러나 그의 아들들은 자기 아버지의 행위를 따르지 않았다. 이익을 따라 뇌물을 받고 판결을 굽게 했다(삼상8:3).

이 일 때문에 이스라엘 백성들은 왕을 구하게 된다. 백성들이 사무엘에게 말한다. 당신은 늙었고 당신의 아들들은 당신의 행위를 따르지 않는다. 모든 나라와 같이 우리에게 왕을 세워 우리를 다스리게 해달라고 한다. 사무엘은 자기 자신에게 엄격했다. 사사로서 성공했다. 그러나 그의 아들들은 문제 아들이었다. 사무엘의 성공은 진정한 성공이 아니었다. 그는 신앙명가를 세우지 못했다.

모 목사는 성공한 목회자이다. 국비로 미국 유학을 해서 신학을 공부한 최초의 사람이다. 영성과 실력을 고루 겸비한 인격자이다. 교회를 개척해서 대형교회로 성장시켰다. 제자훈련을 통하여 교회를 알차게 세웠다. 제자훈련은 한국교계는 물론 세계적으로도 유명하다. 목회로만 말하면 그가 성공했다는 것에 대해서 이론의 여지가 없다. 그러나 건강한 가정을 세웠느냐는 관점에서 생각해 보면 평가는 달라진다.

그에게는 교회만 있었지 가정은 없었다. 물론 자녀들이 잘 성장하여 나름대로 행복하게 살아가고 있다. 그러나 그들의 마음에 상처가 많다. 그 목사의 장례식 때 차남이 갑자기 일어나 아버지와 함께 마지막으로 가족사진이라도 한 장 찍어야겠다고 했다. 말하자면 평소에 가족사진을 한 장도 찍은 적이 없었다는 것이다. 오직 교회와 제자훈련을 위해서 가정을 희생시킨 것이다.

한국의 많은 목회자들이 이런 삶을 살았다. 목회를 위해서 가정을 포기하고 살았다. 강단에서 밤을 지새우는 목회자가 많았다. 어려운 생활 속에서도 교회 건축을 위해서 갖가지 헌금을 위해 가계를 포기하다 시피 했다. 그 결과는 고스란히 가족들, 특히 자녀들에게로 돌아갔다. 그 후유증은 자녀들이 성장하면서 나타났다. 부모의 내핍생활로 고통을 당한 자녀들이 목회자가 되는 것을 회피한다. 심지어 도벽으로 학교에서 물의를 일으키는 목회자 자녀들도 간혹 있다. 결과가 이렇다면 목회에 성공했다고 반드시 인생에 성공했다고 말할 수 있을까? 그럴 수 없을 것이다. 비록 목회에는 성공했을지 모르지만 가정목회에는 문제가 많은 목회자다.

그 후대 까지를 포함하여 평가한다면 평가는 더 비참해 질 것이다. 왜 이렇게 되었을까? 답은 간단하다. 목회자 자신이 바로 이 말씀 즉 신명기 6장 4절부터 9절의 말씀을 순종하지 않아서 그렇다. 많은 목회자들이 이 말씀을 소홀히 한다. 구약이라고 무시했을 수도 있다. 혹은 자녀들을 주일학교에 맡겨 두었을지도 모른다. 물론 가능하다. 효과도 있다. 그래도 가정에서 부모가 자녀들에게 말씀을 가르치는 것만은 못하다.

목회자가 먼저 본을 보여야 한다. 그래서 목회자가 가장 모범적으로 신앙명가를 세워가야 한다. 목회자 부부가 열국의 아비로 어미가 되는 사역을 감당해야 한다. 수 천대에 이르도록 후손들이 믿음의 사람들이 되도록 해야 한다. 현재와 같은 이런 형태로 계속 가면 후손들이 믿음의 사람들이 될 것이라고 장담하기 힘들다. 물론 삼사 대 혹 칠팔 대, 더 멀리는 십대 이십대 까지는 가능할지 모른다. 그러나 100년 이후 200년 이후 우리 후손들이 모두 우리와 같은 신앙을 가지고 있을 것이라고 믿기 힘들다. 서구사회와 미국교회가 그것을 증거하고 있다.

세종대왕은 한국역사상 가장 유명한 왕이다. 그를 부를 때는 항상 '대왕'이라고 부른다. 세종대왕을 성공한 군주라고 말하지 않는 사람은 없을 것이다. 그러나 그의 가족과 가문을 보면 성공했다고 말하기 어렵다. 세종은 장자인 문종의 두 아내를 내 쫓았다. 물론 그들이 부덕한 일을 해서 그렇다. 그렇다 하더라도 그 사실은 결코 자랑스러운 일은 아니다. 가문의 수치이다.

세종의 큰 아들인 문종은 건강이 좋지 않아 일찍 죽는다. 그 후 왕권 다툼으로 세종이 아끼는 왕손이자 왕이었던 단종은 젊은 나이에 사약을 받고 죽는다. 그것도 자신의 숙부인 세조로 부터다. 세조는 세종의 아들이다. 개인적으로는 그렇게 존경받았던 세종도 그의 가문은 피비린 내 나는 싸움을 한 살벌한 가문이었다. 이런 가문을 명 가문이라고 할 수 있을까?

유명 그룹의 회장이었던 모 회장 역시 마찬가지이다. 그는 한국이 낳은 유명한 기업인이다. 그 역시 성공한 기업인이다. 나라의 경제발전을 위해 지대한 영향을 끼친 사람이다. 하지만 그의 후손들은 행복하지 않다. 그의 가문은 문제가 많다. 큰 아들이 부친이 남긴 재산문제로 동생을 법정에 고소했다.

그의 딸 역시 동생을 법정에 고소했다. 동생 역시 그들을 맞고소 했다. 치열한 법정 투쟁을 하고 있다. 도저히 형제자매지간이라고 할 수 없는 상태이다. 친형님과 친누나를 '자연인 이하의 사람들' 이라고 매도했다. 이미 남남처럼 되고 말았다. 아니 남보다 더 못한 관계가 되고 말았다. 이런 상황을 고려할 때 그 회장을 과연 성공한 사람이라고 말할 수 있을까? 그의 가문을 명 가문이라고 말할 수 있을까?

무자식이 상팔자라는 말이 나올 만큼 자식을 바로 키우기는 쉽지 않다. 자식은 그렇다고 하더라도 후손은 더욱 더 알 수 없다. 우리 후손들 중에서 무신론자가 전혀 나오지 않는다는 보장이 없다. 100년 후 혹은 200년 이후 어떤 후손들이 나타날지 아무도 예측할 수 없다. 현재와 같은 교육 방법으로는 더욱 더 그렇다. 목회자들도 예외는 아니다.

주님은 오늘 본문을 통하여 신앙명가를 세울 수 있는 방법을 말씀하신다. 수 천 년이 지난다 할지라도 후손이 믿음의 사람들이 되도록 하는 방법을 알려주신다. 그 길이 바로 가정에서 자녀들을 믿음으로 잘 양육하는 것이다. 자녀들과 손주손녀를 믿음으로 잘 세우면 그 이후는 자동적으로 신앙의 명가문이 될 것이다.

대부분의 사람들은 자기 대만 생각한다. 자신이 재산이 많고 지위가 높으면 성공했다고 생각한다. 조금 지혜로운 사람은 자녀들 까지 생각한다. 자녀들이 좋은 대학을 졸업하고 좋은 직장을 다니고 결혼을 잘하면 성공했다고 생각한다. 일리가 있는 생각이다. 그러나 손주 손녀가 불신앙하고 문제아가 되면 어떻게 할 것인가? 그래도 성공한 인생이라고 말할 수 있을까? 결코 그럴 수 없을 것이다. 성공한 인생이라고 말하려면 최소한 손주 손녀 까지 성공해야 한다. 왜냐하면 그들의 성패를 할아버지 할머니가 보기 때문이다. 인생은 내 혼자만의 문제가 아니다. 자녀들과 손주 손녀들과 함께이다. 신앙명가를 세우려면 더 멀리 보고 준비해야 한다.

사사시대를 보라. "그 세대의 사람도 다 그 조상들에게로 돌아갔고 그 후에 일어난 다른 세대는 여호와를 알지 못하며 여호와께서 이스라엘을 위하여 행하신 일도 알지 못하였더라"고 했다(삿2:10). 출애굽 후 조상들이 세상을 떠나고 불과 얼마 되지 않아 이렇게 되었다. 우리라고 다를까? 크게 다르지 않을 것이다. 그렇다면 어떻게 해야 할까? 자녀들에게 성경을 부지런히 가르쳐야한다. 다른 것도 열심히 가르쳐야하지만 성경을 부지런히 가르쳐야 한다. 특히 가정에서 가르쳐야한다. 신앙의 명 가문을 세운다는 믿음을 가지고 노력해야 한다. 멀리 바라보고 살아야 한다. 나로부터 시작해서 신앙명가를 세워야 한다. 열국의 아비가 되고 열국의 어미가 되어야 한다.

신앙명가를 세우기 위한 간단한 방법

먼저 부모가 성경을 읽는 본을 보여야 한다. 주님의 교육방식은 보여주는 것이다. 보여 주는 것이 자녀들의 신앙교육에 가장 효과적이다. 자녀들은 부모가 말 한대로 살지는 않아도 부모가 보여준 대로는 산다고 했다. 애완견 훈련소에서는 개 주인을 먼저 교육시킨다고 한다. 좋은 애완견을 만드는 사람은 조련사가 아니라 개 주인이라는 의미이다.

화란의 경건한 가정에서는 식사 후 이어 바로 성경을 읽는다고 한다. 육신의 양식과 영혼의 양식을 동시에 먹는다는 의미이다. 바람직한 모습이다. 또 다른 방법은 한 날을 정하여 온 가족이 함께 성경을 읽는 것이다. 토요일 저녁이나 주일 저녁이 좋다.

가정예배와는 다르다. 가정예배는 부모가 일방적으로 인도한다. 때로는 설교를 통해 자녀들에게 훈계를 한다. 이렇게 하면 자녀들은 가정예배 자체를 싫어한다. 또 부모가 성경지식이 없으면 인도하기가 어렵다. 그러나 성경읽기는 가능하다. 부모들은 진행만 하면 된다. 다른 순서는 유대인들이 안식일을 지내는 모습에서 지혜를 얻을 수 있다.

유대인들은 안식일 저녁 즉 금요일 저녁에 온 가족이 모인다. 먼저 집안 청소를 하고 안식일에 사용할 음식을 준비한다. 이들은 한 주간 단위로 생활한다. 유대인들이 안식일 저녁을 보내는 순서는 대략 다음과 같다. 제일 먼저 어머니가 촛대에 불을 붙인다. 가족들이 회당에 간 사이에 어머니가 한다. 어머니가 가정의 어두움을 쫓아내는 역할을 하기 때문이다. 다음은 아버지가 자녀들에게 한 명씩 축복 기도를 해준다. 아이들을 가슴에 품고 머리에 손을 얹어 기도해준다. 아빠에게 기도를 받은 아이는 또 엄마에게 가서 엄마의 품에 안긴다. 아들에게는 하나님께서 너를 에브라임 같고 므낫세 같게 하시기를 원하노라, 딸에게는 하나님이 사라와 리브가와 라헬과 레아 같게 하시기를 원하노라고 기도한다.

다음은 아버지가 민수기 6장 24절부터 26절에 있는 제사장의 기도를 암송한다. 평화를 기원하는 찬송을 부른다. 그리고 남편과 자녀들이 아내를 위하여, 엄마를 위하여 노래를 부른다. 가사는 잠언 31장에 있는 현숙한 여인에 관한 내용이다. 준비한 포도주를 마셔서 몸을 성결하게 하는 의식을 한다. 미리 준비한 빵을 자르기 전에 죄를 씻는 의식을 한다. 컵으로 물을 받아서 손을 씻는다. 손을 씻으며 한 주간 동안 지은 죄들을 생각하며 회개한다. 아버지가 빵을 잘라서 가족들에게 나눠준다. 광야에서 먹었던 만나를 상징한다. 빵은 두 덩어리인데 그 이유는 안식일을 위해 이틀 분의 만나를 준비했던 것을 상징한다. 식탁에 둘러 앉아 아버지가 성경을 가르친다. 질문하고 서로 토론한다. 퀴즈를 내기도 한다. 어떤 경우에도 정답을 바로 가르쳐 주지 않는다. 성경공부를 하면서 준비한 음식을 먹는다. 식사를 하면서 신앙적인 토론도 하고 한 주간에 있었던 일들을 나누며 저녁을 보낸다. 유대인들은 세 사람이 식사를 하면서 성경에 관한 이야기를 한 마디도 안 하면 그 날 먹은 음식은 우상제물을 먹은 것과 같이 여긴다.

매주 이 의식을 반복한다. 이 예식을 통해 자녀들에게 성경을 가르친다. 가족 끼리 소통하고 교제한다. 신앙을 전수한다. 가정교육을 비롯하여 모든 예절 교육도 한다. 이런 교육을 13세 까지 한다. 물론 그 이후에도 가정에서 생활하면 계속한다. 이렇게 유소년 기에 교육을 받은 아이들은 가치관이 확실해 진다. 신앙이 굳건해진다. 세속의 어떤 가치관이 도전하더라도 넘어지지 않고 이기고 나간다. 말하자면 자녀들이 제자화 된 것이다. 가정이 믿음으로 든든히 세워지는 것이다. 그들은 건강한 가정이 건강한 교회를 세우고 건강한 교회가 건강한 사회와 국가를 세운다고 확신하고 있다.

자녀들에게 성경을 가르치라는 근거 본문은 창세기 18장 17절이다. "내가 그로 그 자식과 그 권속에게 명하여 여호와의 도를 지켜 의와 공도를 행하게 하려고 그를 택하였나니 이는 나 여호와가 아브라함에게 말한 일을 이루려 함이니라." 주님은 아브라함에게 자녀들을 믿음으로 든든하게 세우라는 명령을 하셨다. 아브라함을 부르신 1차적인 목적은 창세기 3장 15절 말씀을 이루기 위해서다. 여인의 후손인 예수 그리스도가 와서 사단의 머리를 상하게 하도록 하는 것이다. 이 약속을 이루기 위해서는 먼저 그의 자녀들과 후손들을 믿음으로 든든히 세워야 한다.

유대인들은 자녀가 어떤 존재인가를 이렇게 정의 한다. 말씀을 맡은 자다. 조상들로부터 말씀을 배워서 그 말씀대로 살다가 후손들에게 말씀을 전수해주어야 할 자라는 의미이다. 그래서 모든 유대인들은 자녀들에게 하나님의 말씀을 가르치는 것을 사명으로 생각한다.

그리스도인들도 이런 관점에서 자녀교육을 생각해야 한다. 자녀들을 양육할 때 세상에서 성공하고 출세하는 것에만 목표를 두어서는 안 된다. 우선적으로 말씀을 맡은 자로서 살도록 교육하고 양육해야 한다. 이렇게 해야 믿음이 후손들에게 지속적으로 전승될 수 있다. 신앙의 명문 가문을 이루고 유대인들처럼 수 천대에 이르도록 믿음이 전수될 것이다.

교육학적으로 13세 이전의 교육이 중요하다. 부모의 말을 잘 듣는다. 감수성이 예민하다. 학습능력이 뛰어나다. 13세 이전에는 부모와 같이 있는 시간이 많다. 13세가 지나면 엄마 아빠를 따라 다니지 않고 교육할 기회가 많지 않다. 13세 이전에 말씀을 맡은 자로 키워놓아야 한다.

또 어릴 때부터 십계명을 가르침으로 부모에게 효도하게 한다. 효도는 하나님을 기쁘시게 해드리는 일이라고 교육한다. 강압적이 아니라 하나님을 경외하는 신앙을 근거로 부모를 공경하도록 만든다. 물론 불효자도 없지 않지만 거의 모든 자녀들은 부모를 공경하고 존경하고 사랑한다. 잠언 22장 6

절에서 "마땅히 행할 길을 아이에게 가르치라 그리하면 늙어도 그것을 떠나지 아니하리라."라고 했다. 그래서 그들은 13세 이전에 율법을 철저히 가르친다.

13세에 성년식을 한다. '바 미쯔바' 즉 성년식은 그 뜻이 율법을 맡은 자란 뜻이다. 즉 말씀을 맡은 자란 뜻이다. 유대인은 성년식을 성대하게 한다. 어떤 가정은 전 세계에 흩어져 사는 일가친척이 다 온다. 일생일대의 최고의 예식은 성년식과 결혼식이다. 성년식 때는 말씀을 맡은 자의 예식을 한다. 식이 끝나면 랍비가 지성소에 있는 두루마리 성경을 꺼내서 할아버지에게 준다. 그러면 할아버지는 아들 즉 소년의 아버지에게, 아버지는 아들에게 준다. 할아버지는 손자가 두루마리 성경을 받아 품에 안으면 자기 사명을 다 감당했다고 생각한다. 때문에 감격의 눈물을 흘린다. 그래서 유대인들은 말씀을 어느 민족보다도 소중하게 생각한다. 평소에도 성경책을 받으면 언제든지 성경에 입을 맞춘다.

그런데 오늘날 많은 그리스도인들이 자녀들에게 말씀을 가르치는 이 일을 소홀히 하고 있다. 자녀들의 신앙교육은 전적으로 교회를 의존한다. 주일학교에서 받는 교육으로 만족한다. 가정을 잘 돌보지 않고 교회 봉사와 활동에만 치중한다. 이로 인해 목회로 바쁜 목회자들의 가정과 교회에서 많은 시간을 보내는 성도들의 가정에 문제가 생긴다. 자녀들이 삐뚤어진 길로 가는 경우가 종종 있다. 안타까운 일이다.

하루 빨리 가정에서 가족이 함께 하는 시간을 만들어야 한다. 최소한 주 일회, 온 가족이 모여서 가정예배 혹은 성경읽기 모임을 해야 한다. 함께 식사하고 성경을 읽고 삶을 나누고 기도해야 한다. 그렇게 하면 자연적으로 자녀들에게 신앙이 전수된다. 건강한 가정이 된다. 신앙의 명가가 될 수 있다. 이런 가정이 교회 안에 많아지면 교회도 건강한 교회가 된다. 사회 역시 건강한 사회가 된다.

⚜

니콜슨이 쓴 존 아담스의 실화전기 '피트컨 사람들'이라는 책에 이런 글이 나온다. 피트컨 섬사람들은 문명한 영국인들의 영향으로 불과 9년 사이에 술주정꾼들이 되고, 폭행자와 성적인 문란자들이 되었다. 그러나 존 아담스가 발견한 책 한 권은 아담스 자신뿐만 아니라 섬 전체가 소생하는 새 계기가 되었다. 그 책은 곧 성경이다.

03

성경을 읽으라고 40년간 강조 하신다

신명기 8:1-3

1 내가 오늘 명하는 모든 명령을 너희는 지켜 행하라 그리하면 너희
가 살고 번성하고 여호와께서 너희의 조상들에게 맹세하신 땅에 들
어가서 그것을 차지하리라 2 네 하나님 여호와께서 이 사십 년 동
안에 네게 광야 길을 걷게 하신 것을 기억하라 이는 너를 낮추시며
너를 시험하사 네 마음이 어떠한지 그 명령을 지키는지 지키지 않
는지 알려 하심이라 3 너를 낮추시며 너를 주리게 하시며 또 너도
알지 못하며 네 조상들도 알지 못하던 만나를 네게 먹이신 것은 사
람이 떡으로만 사는 것이 아니요 여호와의 입에서 나오는 모든 말
씀으로 사는 줄을 네가 알게 하려 하심이니라.

이스라엘 백성이 아빔월 15일에 출애굽 했다. 민간력으로는 7월 15일 이다. 출애굽한지 꼭 한 달 되었을 때 이다. 그들이 신 광야에 왔을 때 양식이 떨어졌다. 그러자 백성들이 불평한다. "이스라엘 자손이 그들에게 이르되 우리가 애

굽 땅에서 고기 가마 곁에 앉아 있던 때와 떡을 배불리 먹던 때에 여호와의 손에 죽었더라면 좋았을 것을 너희가 이 광야로 우리를 인도해 내어 이 온 회중이 주려 죽게 하는도다(출16:3)."하고 말한다. 아주 망령된 소리다.

그 때에 여호와께서 모세에게 말씀하셨다. 보라 내가 너희를 위하여 하늘에서 양식을 비 같이 내릴 것이다. 백성이 나가서 일용할 것을 날마다 거둘 것이다(출16:4). 주님이 약속하신 대로 아침 이슬과 함께 만나를 주셨다. 작고 둥글며 서리 같이 가는 것이다. 이스라엘 자손이 보고 그것이 무엇인지 알지 못했다. 서로 물어 본다. '이것이 무엇이냐? 이것이 무엇이냐?' '만나' 라는 말의 의미는 이것이 무엇이냐는 말이다. 아무튼 이렇게 해서 광야에서 양식을 주셨다.

만나는 물론 예수 그리스도를 상징한다. 만나가 하늘에서 내려오듯이 주님도 하늘에서 내려오셨다. 만나가 사람들의 생명의 양식이 되듯이 주님도 주의 백성들에게 생명의 양식이 되신다. 이런 점에서 '만나' 는 예수님을 상징한다(요6:48-51).

다시 정리를 하면 주님이 이스라엘 백성들에게 만나를 주신 이유는 광야에서 먹을 양식이 없었기 때문이다. 일용할 양식을 위해 만나를 주셨다. 이유는 너무 간단하고 단순하다. 그런데 오늘 본문에서는 만나를 주신 목적을 그렇게 기록하고 있지 않다. 주님이 그들에게 만나를 주신 이유를 이렇게 기록하고 있다. "너도 알지 못하며 네 조상들도 알지 못하던 만나를 네게 먹이신 것은 사람이 떡으로만 사는 것이 아니요 여호와의 입에서 나오는 모든 말씀으로 사는 줄을 네가 알게 하려 하심이니라." 즉 매일 매일 만나를 먹을 때 마다 사람이 떡으로만 사는 것이 아니라 성경도 읽어야 한다는 것을 기억하도록 하시기 위해서라고 했다.

그러면 주님이 이스라엘 백성들에게 얼마 동안 만나를 주셨느냐? 40년 동안 주셨다. 이것은 무엇을 의미하느냐? 주님이 40년 동안 이스라엘 백성들에게 매일 매일 성경을 읽어야 한다고 강조하셨다는 것이 된다. 4년이 아니다. 10년이 아니다. 무려 40년간 매일 같이 성경을 읽으라고 강조하셨다. 이것은 성경이 성도들에게 그 만큼 중요하다는 의미이다. 읽어도 되고 안 읽어도 되는 그런 정도가 아니라는 의미이다. 우리는 여기서 주님의 심정을 생각해 봐야한다. 주님께서 성경 읽기를 얼마나 강조하시는지를 묵상해봐야 한다.

그렇다. 하나님의 백성은 밥을 먹듯이 성경도 읽어야 한다.

주의 입으로 나오는 모든 말씀을 날마다 읽고 묵상해야 한다. 왜냐하면 주님이 사람을 창조하실 때 그렇게 창조하셨기 때문이다. 하나님의 형상대로 지으셨기 때문이다. 동물 같이 짓지 않으시고 영이신 삼위일체 주님의 형상대로 지으셨기 때문이다. 그래서 영적인 양식이 필요하다. 육체가 빵을 필요로 하듯이 우리 영혼이 주의 말씀을 필요로 한다. 육체의 양식을 먹지 않으면 육체가 점점 약해져서 결국은 죽는다. 우리 영혼도 마찬가지이다.

04

왕이 먼저 할 일은 성경읽기다

신명기 17:18-20

18 그가 왕위에 오르거든 이 율법서의 등사본을 레위 사람 제사장
앞에서 책에 기록하여 19 평생에 자기 옆에 두고 읽어 그의 하나님
여호와 경외하기를 배우며 이 율법의 모든 말과 이 규례를 지켜 행
할 것이라 20 그리하면 그의 마음이 그의 형제 위에 교만하지 아니
하고 이 명령에서 떠나 좌로나 우로나 치우치지 아니하리니 이스라
엘 중에서 그와 그의 자손이 왕위에 있는 날이 장구하리라.

주님이 하나님나라의 백성들과 그 나라의 왕에게 말씀하신다. 왕위에 오르면 율법서의 등사본을 레위 사람 제사장 앞에서 책에 기록하라고 하셨다. 성경을 준비하라는 의미다. 19절에서 평생에 자기 옆에 두고 '읽어라' 고 하셨다. 성경을 통하여 그의 하나님 여호와 경외하기를 배우라, 이 율법의 모든 말과 이 규례를 지켜 행하라고 하셨다. 그리하면

마음이 형제 위에 교만하지 않게 되고, 이 명령에서 떠나 좌로나 우로나 치우치지 않을 것이며, 이스라엘 중에서 그와 그의 자손이 왕위에 있는 날이 장구하리라고 하셨다.

그러니까 왕이 되면 해야 할 중요한 일이 뭐냐 하면, 성경을 필사해서 직무실에 두는 것이다. 매일 같이 그 성경을 읽고 그 성경의 원리를 따라 통치하는 것이다. 다른 바쁜 일이 많이 있겠지만 제일 먼저 할 일은 성경을 읽는 것이다. 다른 할 일이 많고 많겠지만 가장 중요한 일은 성경을 읽고 묵상하는 것이다.

이스라엘의 왕은 사울과 다윗과 솔로몬을 포함하여 모두 42명이다. 북왕국이 19명 남왕국이 20명이다. 북왕국은 모두 악한 왕이었다. 남왕국은 7명만 선한 왕이다. 원인이 뭐냐? 여러 가지 이유가 있겠지만 바로 이 말씀을 지키지 않아서 그렇다. 역대하 15장 3절에서 이스라엘에는 참 신이 없고 가르치는 제사장도 없고 율법도 없는 지가 오래 되었다고 했다. 그 이유가 무엇이겠는가? 그것은 바로 왕들이 이 말씀, 즉 신명기 17장 18절부터 20절 말씀을 순종하지 않아서 그렇다.

하나님은 그의 나라를 말씀으로 시작하신다. 주님의 말씀으로 통치하신다. 먼저 왕에게 말씀을 주어서 왕이 그 말씀을 지키도록 하신다(스7:10절). 그리고 그 백성들에게 가르치게 하신다. 그래서 왕과 온 백성들이 말씀을 따라서 주님을 섬긴다. 하나님나라는 말씀의 나라다. 말씀이 약해지면 하나님나라도 약해진다. 그러나 말씀이 능력 있게 나타나면 주님의 나라도 능력 있게 나타난다. 성령님이 하시는 중요한 일도 역시 말씀이 예루살렘과 온 유다와 사마리아와 땅 끝까지 전파되도록 하시는 것이다.

05

먼저 돌비에 말씀을 새긴다

신명기 27:1-3

1 모세와 이스라엘 장로들이 백성에게 명령하여 이르되 내가 오늘
너희에게 명령하는 이 명령을 너희는 다 지킬지니라 2 너희가 요단
을 건너 네 하나님 여호와께서 네게 주시는 땅에 들어가는 날에 큰
돌들을 세우고 석회를 바르라 3 요단을 건넌 후에 이 율법의 모든
말씀을 그 위에 기록하라 그리하면 네 하나님 여호와께서 네게 주
시는 땅 곧 젖과 꿀이 흐르는 땅에 네가 들어가기를 네 조상들의
하나님 여호와께서 네게 말씀 하신 대로 하리라.

신명기는 이스라엘 백성들이 요단강을 건너기 직전에 주신 말씀이다. 즉 가나안을 목전에 두고 하신 말씀이다. 주님은 그들이 요단강을 건너 가나안에 들어가서 제일 먼저 해야 할 일을 말씀하신다. 요단강을 건너 가나안에 들어가는 날에 큰 돌들을 세우고 석회를 바르라고 하셨다. 요단강을 건넌 후에 이 율법의 모든 말씀을 그 위에 기록하라고 하셨다.

요단강을 건넌 후 제일 먼저 하라고 하신 일이 돌비에 말씀을 기록하는 일이다. 여러 가지 해야 할 일이 많았을 것이다. 그러나 주님은 가장 우선적으로 돌비를 세우고 그 위에 주의 말씀을 기록하라고 하셨다. 이유가 무엇일까? 이유는 간단하다. 하나님나라는 말씀으로 세워지는 나라이기 때문이다. 말씀에 따라 성막을 짓고 말씀에 따라 제사를 지낸다. 모든 일이 말씀을 근거로 해서 진행되기 때문이다. 오늘날도 그렇다. 말씀을 통해서 삼위일체 하나님을 알게 되고 말씀을 통해서 거듭난다(요3:5). 말씀을 통해서 믿음이 성장한다(롬10:17). 성경을 통하여 인격이 변한다. 그리스도인의 신앙생활에는 오직 주의 말씀이 시작이며 중심이 된다.

06

성경은 채소 위에 내리는 단비와 같다

신명기 32:1-2

1 하늘이여 귀를 기울이라 내가 말하리라 땅은 내 입의 말을 들을지
어다 2 나의 교훈은 내리는 비요 나의 말은 맺히는 이슬이요, 연한
풀 위에 가는 비요 채소 위에 단 비로다.

신명기는 이스라엘 국가의 기초가 되는 법이다. 레위기가 제사에 관한 법이라면 신명기는 생활 전반에 관한 법이다. 일종의 시민법이다. 주님은 그 법을 말씀하면서 계속 말씀을 읽고 순종할 것을 강조하신다. 중간 중간 말씀을 언급하고 강조하신다. 이것은 하나님나라의 백성은 말씀을 떠나서는 존재할 수 없음을 말한다.

특히 오늘 본문에서는 하늘과 땅이 주의 말씀을 들으라고 한다. 물론 하늘과 땅은 우주 만물을 전체적으로 표현하는 상

징적인 표현이다. 천하 만물이 말씀에 통치를 받고 있음을 말한다. 핵심 내용은 하나님나라 백성들이 주님의 말씀을 경청하라는 것이다. 말씀을 순종하라는 것이다.

2절에서는 "나의 교훈은 내리는 비요 나의 말은 맺히는 이슬이요, 연한 풀 위에 가는 비요 채소 위에 단 비로다."라고 했다. 이스라엘은 사막이다. 그래서 비가 적다. 이스라엘 사람들은 비가 오면 싸우다가도 멈춘다. 초목들과 채소들은 드물게 내리는 비와 새벽이슬을 먹고 자란다.

그렇다. 주님의 말씀은 마치 생명수와 같다. 사막이 초목을 살리는 생명수와 같다. 우리 영혼을 거듭나게 하고 소성시키고 성장하게 하는 생명수다. 초목들과 채소들이 비와 이슬로 자라듯이 우리 영혼도 생명수 같은 이 말씀을 읽을 때 자란다.

07

지도자가 먼저 할 일은 성경읽기다

여호수아 1:7-9

7 오직 너는 마음을 강하게 하고 극히 담대히 하여 나의 종 모세가
네게 명한 율법을 다 지켜 행하고 좌로나 우로나 치우치지 말라 그
리하면 어디로 가든지 형통하리니 8 이 율법 책을 네 입에서 떠나
지 말게 하며 주야로 그것을 묵상하여 그 가운데 기록한대로 다 지
켜 행하라 그리하면 네 길이 평탄하게 될 것이라 네가 형통하리라
9 내가 네게 명한 것이 아니냐 마음을 강하게 하고 담대히 하라 두
려워 말며 놀라지 말라 네가 어디로 가든지 네 하나님 여호와가 너
와 함께 하느니라 하시니라.

이스라엘을 애굽에서 인도한 모세가 죽었다. 주님은 이스라엘의 인도자로 여호수아를 지명하셨다. 주님은 여호수아에게 명령하신다. 요단을 건너 주님이 주시는 가나안 땅으로 가라고 하신다. 두 가지를 약속하신다. 첫째는 너의 평생에 너를 능히 당할 자가 없도록 하겠다. 두 번째는 모세

와 함께 했던 것 같이 여호수아와 함께 하겠다. 내가 너를 떠나지 아니하며 버리지 아니하겠다. 마음을 강하게 하라 담대히 하라, 너는 이 백성으로 내가 그 조상에게 맹세하여 주리라 한 땅을 얻게 하리라고 하신다.

8절에서 이 율법책을 네 입에서 떠나지 말게 하며 주야로 그것을 묵상하여 그 가운데 기록한대로 다 지키라, 그리하면 네 길이 평탄하게 될 것이라 네가 형통하리라고 하셨다.

이 말씀은 신명기 17장 18절부터 20절에서 이미 말씀하셨다. 즉 왕의 직무에 대해서 말씀한 때 하셨다. 왕위에 오르거든 율법서를 제사장 앞에서 책에 기록하고, 평생에 자기 옆에 두고 읽으라고 하셨다. 여호와 경외하기를 배우며 이 율법의 모든 말과 이 규례를 지켜 행하라, 그리하면 마음이 그의 형제 위에 교만하지 아니하고 이 명령에서 떠나 좌로나 우로나 치우치지 아니하고, 이스라엘 중에서 그와 그의 자손이 왕위에 있는 날이 장구하리라고 하셨다.

주님은 두 번째 지도자가 된 여호수아에게 동일한 명령을 하신다. 왜냐하면 하나님나라는 말씀을 통하여 시작되고 말씀으로 운영되기 때문이다. 성경이 가장 중요한 법이며, 성경을 떠나서는 존재할 수 없기 때문이다. 이 원리는 오늘날도 마찬가지이다. 왕 같은 제사장이 된 우리도 주님이 강조하는 이 말씀을 귀 담아 듣고 순종해야 할 것이다.

08

성경이 룻과 보아스의 마음을 지켰다

룻기 3:1-14

1 룻의 시어머니 나오미가 그에게 이르되 내 딸아 내가 너를 위하여
안식할 곳을 구하여 너를 복되게 하여야 하지 않겠느냐 2 네가 함
께 하던 하녀들을 둔 보아스는 우리의 친족이 아니냐 보라 그가 오
늘 밤에 타작마당에서 보리를 까불리라 3 그런즉 너는 목욕하고 기
름을 바르고 의복을 입고 타작마당에 내려가서 그 사람이 먹고 마
시기를 다 하기 까지는 그에게 보이지 말고 4 그가 누울 때에 너는
그가 눕는 곳을 알았다가 들어가서 그의 발치 이불을 들고 거기 누
우라 그가 네 할 일을 네게 알게 하리니 5 룻이 시어머니에게 이르
되 어머니의 말씀대로 내가 다 행하리이다 하니라 6 그가 타작마당
으로 내려가서 시어머니의 명령대로 다 하니라.

룻기는 사사시대에 있었던 한 가정의 일을 기록하고 있다. 사사시대는 저마다 자기 소견에 옳은 대로 행하던 불신앙의 시대다(삿21:25). 하나님이 없다고 하던 시대다. 그런 어두운 시대에 주님이 나약한 여인을 통하여 은밀하게 그

의 구원역사를 이루어 가심을 보여 준다. 용맹스러운 왕들을 통하여 이끌어 가시는 것이 아니다. 말씀에 붙잡힌 연약한 여인을 통하여 그의 구원역사를 이루어 가신다. 패가망신하고 돌아오는 그런 나오미 같은 여인, 남편도 없고 자식도 없는 룻과 같은 그런 여인이지만 말씀이 그들을 붙잡아 쓰신다. 그러나 무조건 여인을 쓰시는 것은 아니다. 말씀에 붙잡힌 신앙이 있는 여인을 쓰신다. 말씀을 통하여 메시야를 믿는 그런 믿음을 가진 자를 쓰신다.

룻이 이삭을 주워 돌아오자 시어머니인 나오미가 느닷없이 이상한 지시를 한다. 목욕을 깨끗이 하라, 기름을 바르라, 새 의복을 입으라고 한다. 여기 까지는 그래도 이해가 간다. 그런데 그 다음이 문제다. 타작마당으로 내려가서 보아스가 일을 마치고 누울 때 그 눕는 곳을 알아두었다가 그 처소로 들어가라. 그 발치의 이불을 들고 들어가 거기 누우라고 한다. 보아스를 신랑으로 맞으라는 의미이다. 더불어 동침을 해서 그를 룻의 남편으로 삼으라는 것이다.

기가 막힌 요구요 선뜻 행하기에 가능하지 않은 지시다. 젊고도 젊은 새댁을 보고 중년 남자에게 시집을 가라, 나이가 들어서 머리가 희끗희끗하고 얼굴에 잔주름이 가득한 그런 남자에게 시집을 가라고 한다. 그것도 아내가 있고 자식이 있고 가정을 꾸리고 있는 그런 남자에게 가라고 한다. 인간의 기본적인 윤리를 무시하는 지시인 것 같다. 비성경적이요, 반윤리적이요, 비도덕적이라 할 수 있는 요구 같다. 아무리 시어머니지만 할 수 없는 명령이요 지시였다.

그런데 룻이 어떻게 하느냐 하면? 시모의 명대로 다 행했다. 비성경적이다, 반윤리적이다, 비도덕적이라 그러지 않고 다 행했다. '어머니, 도대체 그것을 말씀이라고 하십니까? 그럴 것 같았으면 제가 왜 이곳 까지 왔겠습니까? 모압에는 더 멋있는 사람들이 있습니다.' 그런 말을 일체 하지 않았다. 나오미가 말하는 대로 다 행했다. 이것은 마음에 드니까 하고 저것은 싫으니까 안하고 그러지 않았다. 그냥 시어머니의 말씀에 순종했다. 놀랍다. 룻이 어떻게 그렇게 할 수 있었을까? 주의 말씀이 그렇게 하도록 했다. 시어머니의 권위 때문이 아니다. 주의 말씀이 순종하도록 했다.

7 보아스가 먹고 마시고 마음이 즐거워 가서 곡식 단 더미의 끝에
눕는지라 룻이 가만히 가서 그의 발치 이불을 들고 거기 누웠더라
8 밤중에 그가 놀라 몸을 돌이켜 본즉 한 여인이 자기 발치에 누
워 있는지라 9 이르되 네가 누구냐 하니 대답하되 나는 당신의 여

종 룻이오니 당신의 옷자락을 펴 당신의 여종을 덮으소서 이는 당
신이 기업을 무를 자가 됨이니 이다 하니 10 그가 이르되 내 딸아
여호와께서 네게 복 주시기를 원하노라 네가 가난하건 부하건 젊
은 자를 따르지 아니하였으니 네가 베푼 인애가 처음보다 나중이
더하도다 11 그리고 이제 내 딸아 두려워하지 말라 내가 네 말대로
네게 다 행하리라 네가 현숙한 여자인 줄을 나의 성읍 백성이 다
아느니라 12 참으로 나는 기업을 무를 자이나 기업 무를 자로서 나
보다 더 가까운 사람이 있으니 13 이 밤에 여기서 머무르라 아침에
그가 기업 무를 자의 책임을 네게 이행하려 하면 좋으니 그가 그
기업 무를 자의 책임을 행할 것이니라 만일 그가 기업 무를 자의
책임을 네게 이행하기를 기뻐하지 아니하면 여호와께서 살아 계심
을 두고 맹세하노니 내가 기업 무를 자의 책임을 네게 이행하리라
아침까지 누워 있을지니라 하는지라 14 룻이 새벽까지 그의 발치
에 누웠다가 사람이 서로 알아보기 어려울 때에 일어났으니 보아
스가 말하기를 여인이 타작마당에 들어온 것을 사람이 알지 못하
여야 할 것이라 하였음이라.

보아스도 말씀에 붙잡힌 사람 중에 한 사람이다. 물론 오실 예수 그리스도를 예표 하는 인물이기도 하다. 이 본문은 밤중에 자기를 받아 달라고 찾아온 룻을 보아스가 거절하는 장면이다.

보아스가 하루 일과를 마치고 잠을 잔다. 잠을 자는데 뭔가 느낌이 이상했다. 놀라서 몸을 돌이켜 보니 한 여인이 자기 발치에 누워있다. 남자도 아니고 여자다. 그것도 자기 이불

안에 누워있다. 보아스가 놀라서 물어본다. '네가 누구뇨?' 룻이 대답한다. '나는 당신의 시녀 룻이오니 당신의 옷자락으로 덮으소서.' 자신을 취하여 달라는 말이다. 자신의 몸을 맡아 달라는 것이다. 참 기가 막힌 부탁이요 요구이다. 이해가 되지 않는 청원이다.

그런데 무엇이 룻으로 하여금 그렇게 행동하도록 했는가? 양식이냐? 재산이냐? 정욕이냐? 아니다. 주의 말씀이 그렇게 했다. 그러자 보아스가 이렇게 대답한다. 오늘 밤에는 그대로 머물러 있으라. 내일 새벽 까지 그렇게 누워있으라. 너를 취하지도 안할 것이며 너를 받지도 않을 것이다. 그 이유는 기력이 없어서가 아니다. 네가 싫어서도 아니다. 이방여인이요 배우지 못한 여자라서가 아니다. 그 근본적인 이유는 말씀 때문이다. 더 가까운 근족이 기업을 물어야한다는 주의 말씀, 근족이 책임을 회피하면 그 다음 친척이 책임을 져야한다는 주의 말씀 때문이다.

무엇이 그렇게 만들었다고 했나? 성도를 움직이는 주의 말씀이다. 살았고 운동력이 있는 그 말씀이 그렇게 하도록 했다. 좌우에 날선 어떤 검보다도 예리하여 혼과 영과 및 관절과 골수를 찔러 쪼개기까지 하는 그 말씀이 그랬다. 그렇다.

마음의 생각과 뜻을 감찰하는 그 말씀이 보아스를 그렇게 만들었다(히4:12). 능치 못함이 없는 그 말씀이 보아스의 감정과 의지를 통제했기 때문에 가능했다.

다윗에게도 이와 비슷한 경우가 있었다. 다윗이 골리앗을 이기면서 사울왕의 신하가 된다. 목동에서 왕의 신하가 되었다. 그러나 사울이 죽인 자는 천천이요 다윗이 죽인 자는 만만이라는 여인들이 부르는 노래 소리로 인해 고난이 시작된다(삼상18:8). 사울이 시기해서 다윗을 죽이려고 한다. 사울은 다윗을 죽이기 위해 집요하게 찾는다. 자기의 딸을 다윗에게 주지만 그것도 다윗을 죽이기 위한 일종의 계략이었다.

그러나 오히려 다윗이 사울을 죽일 수 있는 기회가 더 많았다. 다윗이 숨어 있는 엔게디 동굴에 와서 사울이 용변을 본다. 다윗이 사울을 죽일 수 있는 절호의 기회가 왔다. 다윗의 사람들이 다윗에게 말한다. 여호와께서 당신의 원수를 당신 손에 넘기리라고 하셨는데 지금이 바로 그 날이다. 지금 당장 사울을 죽이자고 재촉한다. 그러나 다윗은 사울의 옷자락만 베고 사울을 살려 준다(삼상24:4).

다윗이 사울을 죽일 수 있는 두 번째 기회가 왔다. 사울이

십광야에 있는 다윗을 죽이러 왔다가 광야에서 잠을 잔다. 그를 지키는 호위병과 대장 아브넬도 깊은 잠에 빠졌다. 동행한 아비새가 다윗에게 말하기를 하나님이 오늘 당신의 원수를 당신의 손에 넘기셨나이다. 그러므로 내가 창으로 그를 찔러서 단번에 땅에 꽂게 해달라고 한다(삼상26:7). 첫 번째 경우 보다 더 완벽하게 죽일 수 있는 기회다. 그러나 다윗은 역시 거절한다. 이유는 여호와의 기름 부음을 받은 내 주를 치는 것은 여호와께서 금하시는 것이라는 말씀 때문이다. 그렇다. 주의 말씀이 다윗으로 하여금 왕을 살해하지 못하게 한 것이다.

만약 다윗이 이 말씀을 어기고 사울을 살해했다면 그는 왕이 되지 못했을 것이다. 그러나 주의 말씀 즉 여호와의 기름 부음 받은 자를 쳐서는 안 된다는 그 말씀이 다윗을 계속 통제했다. 다윗이 사울을 죽이지 못하도록 간섭했다. 그 결과 다윗은 사울을 죽이지 않을 수 있었고 이스라엘의 왕이 될 수 있었다. 네 집과 네 나라가 내 앞에서 영원히 보전되고 네 왕위가 영원히 견고하리라는 복을 받을 수 있었다(삼하7:16).

미국의 워너메이크는 백화점의 왕이다. 아디어 맨이다. PGA 골프대회를 만들었다. 주일학교를 만들어 아이들에게 성경을 가르쳤다. 유년시절에는 성경을 살 돈이 없어 벽돌 나르는 일을 해서 성경을 샀다. 기자가 성공비결이 뭐냐고 물었다. 대답은 너무 간단하고 의외였다. 성경책을 산 2불 50센트가 최고의 투자였다고 했다.

09

성경을 모르면 화를 당한다

열왕기하 17:24-28

24 앗수르 왕이 바벨론과 구다와 아와와 하맛과 스발와임에서 사람
을 옮겨다가 이스라엘 자손을 대신하여 사마리아 여러 성읍에 두매
그들이 사마리아를 차지하고 그 여러 성읍에 거주하니라 25 그들이
처음으로 거기 거주할 때에 여호와를 경외하지 아니하므로 여호와
께서 사자들을 그들 가운데에 보내시매 몇 사람을 죽인지라 26 그
러므로 어떤 사람이 앗수르 왕에게 말하여 이르되 왕께서 사마리아
여러 성읍에 옮겨 거주하게 하신 민족들이 그 땅 신의 법을 알지
못하므로 그들의 신이 사자들을 그들 가운데에 보내매 그들을 죽였
사오니 이는 그들이 그 땅 신의 법을 알지 못함이니이다 하니라 27
앗수르 왕이 명령하여 이르되 너희는 그 곳에서 사로잡아 온 제사
장 한 사람을 그 곳으로 데려가되 그가 그 곳에 가서 거주하며 그
땅 신의 법을 무리에게 가르치게 하라 하니 28 이에 사마리아에서
사로잡혀 간 제사장 중 한 사람이 와서 벧엘에 살며 백성에게 어떻
게 여호와 경외할지를 가르쳤더라.

앗수르 왕 산헤립이 북왕국 이스라엘의 수도 사마리아를 정복한다. 이스라엘이 주전 721년에 앗수르에게 망한다. 사마리아는 예루살렘 북쪽 56km 지점에 있다. 땅이 비옥

하다. 오므리가 세멜에게 은 두 달란트를 주고 사서 북왕국 이스라엘의 수도로 정한 곳이다. 앗수르 왕이 이방인들을 사마리아로 이주시킨다. 이로 인해 사마리아는 인종적으로 종교적으로 혼합되었다. 사마리아인이라고 하면 곧 혼합주의자를 의미한다. 이방 나라에서 이주한 사람들이 여호와를 경외하지 않는다. 그러자 여호와께서 사자들을 그들 가운데에 보내 몇 사람을 죽이신다.

어떤 사람이 앗수르 왕에게 그 상황을 보고한다. 왕께서 사마리아 여러 성읍에 옮겨 거주하게 한 민족들이 이스라엘의 신을 섬기지 않았고, 그러자 여호와 하나님이 그의 사자들을 그들 가운데에 보내서 그들을 죽이셨다. 그 이유는 그들이 여호와의 법을 알지 못했기 때문이라고 했다. 앗수르 왕이 어떤 사람에게 명령한다. 이스라엘에서 사로잡아 온 제사장 한 사람을 그 곳으로 데려가라, 그로 사마리아에 가서 거주하며 그 땅 신의 법을 무리에게 가르치게 하라고 한다. 그래서 사마리아에서 사로잡혀 간 제사장 중 한 사람이 와서 벧엘에 살면서 백성에게 여호와 경외하는 법을 가르친다.

그렇다. 하나님을 아는 지식이 있어야 주님을 경배할 수 있다. 주님이 누구이신지를 바로 알아야 바로 섬길 수 있다. 어떻게 주님을 아느냐? 성경을 통하여 삼위일체 하나님을 안다. 따라서 성경을 모르면 주님을 알 수 없고 섬길 수도 없다. 주님은 호세아 선지자 시대에도 이스라엘 백성이 지식이 없어서 탄식하셨다. 이스라엘 백성들이 주님을 아는 지식 즉 말씀을 버렸으니 주님도 그들을 버리시겠다고 했다. 주님의 제사장이 되지 못하게 할 것이라고 하셨다.

더 무서운 경고를 하신다. 호세아 4장 6절에서 "네가 네 하나님의 율법을 잊었으니 나도 네 자녀들을 잊어버리리라."고 하셨다. 그 당대의 사람들만 버리는 것이 아니라 자녀들 까지도 버리겠다고 하셨다. 자녀들뿐이겠는가? 후손들 까지 포함된다. 무서운 경고다. 그러나 당연한 결과이다. 부모가 성경을 모르는데 자녀들이 어찌 성경을 알 수 있겠는가? 후손들이 어떻게 주의 말씀을 알 수 있겠는가? 불가능한 일이다. 부모의 무지로 자녀들도 후손들도 하나님을 모르게 되고 결국 망하게 된다.

요한복음 4장에 나오는 사마리아 여인이 그 증인이다. 그녀는 결혼을 다섯 번 했다. 동거하고 있는 남자도 자신의 남편이 아니라고 했다. 모르긴 하지만 이 여인도 푸른 꿈을 가지고 청소년기를 보냈을 것이다. 재물도 있었을 것이다. 능력도 있었던 것 같다. 꿈과 희망을 가지고 결혼도 했을 것이다. 그러나 결혼 생활은 순탄하지 못했다. 꿈에도 상상하지 못했던 이혼을 한다. 첫 번째 실패를 거울삼아 조심스럽게 두 번째 결혼을 했다. 그러나 두 번째도 역시 마찬가지이다. 세 번째 결혼을 한다. 이제 부끄러움도 없다. 결국 다섯 번씩이나 결혼을 한다. 그 남자와도 이혼하고 이제 다른 사람의 남편과 살고 있다. 거짓말도 쉽게 한다. 주님이 남편을 데려오라고 하시자 남편이 없다고 했다.

이 여인의 삶이 왜 이렇게 되었을까? 가장 중요한 원인은 성경을 몰랐기 때문이다. 성경을 통하여 주님을 인격적으로 만나지 못해서 그렇다. 말씀을 따라 살지 않고 자기 소견에 옳은 대로 살아서 그렇다. 더 근본적인 이유는 그 여인의 부모들이 성경을 몰라서 그렇다. 사마리아 지역에 살았던 그들의 조상이 성경도 모르고 주님을 몰라서 그렇다. 결국 호세아의 예언처럼 된 것이다. 부모들은 잘 기억하자. 부모가 말씀을 모르면 자신은 물론이고 자녀들 까지도 망하게 된다. 후손들 까지도 망한다. 부모들이여 성경을 읽고 배우고 공부하자.

10

아사왕이 성경으로 나라를 개혁한다

역대하 15:1-9

1 하나님의 영이 오뎃의 아들 아사랴에게 임하시매 2 그가 나가서
아사를 맞아 이르되 아사와 및 유다와 베냐민의 무리들아 내 말을
들으라 너희가 여호와와 함께 하면 여호와께서 너희와 함께 하실지
라 너희가 만일 그를 찾으면 그가 너희와 만나게 되시려니와 너희
가 만일 그를 버리면 그도 너희를 버리시리라 3 이스라엘에는 참
신이 없고 가르치는 제사장도 없고 율법도 없는 지가 오래 되었으
나 4 그들이 그 환난 때에 이스라엘 하나님 여호와께로 돌아가서
찾으매 그가 그들과 만나게 되셨나니 5 그 때에 온 땅의 모든 주민
이 크게 요란하여 사람의 출입이 평안하지 못하며 6 이 나라와 저
나라가 서로 치고 이 성읍이 저 성읍과 또한 그러하여 피차 상한
바 되었나니 이는 하나님이 여러 가지 고난으로 요란하게 하셨음이
라 7 그런즉 너희는 강하게 하라 너희의 손이 약하지 않게 하라 너
희 행위에는 상급이 있음이라 하니라 8 아사가 이 말 곧 선지자 오
뎃의 예언을 듣고 마음을 강하게 하여 가증한 물건들을 유다와 베
냐민 온 땅에서 없애고 또 에브라임 산지에서 빼앗은 성읍들에서도
없애고 또 여호와의 낭실 앞에 있는 여호와의 제단을 재건하고 9
또 유다와 베냐민의 무리를 모으고 에브라임과 므낫세와 시므온 가
운데에서 나와서 저희 중에 머물러 사는 자들을 모았으니 이는 이
스라엘 사람들이 아사의 하나님 여호와께서 그와 함께 하심을 보고
아사에게로 돌아오는 자가 많았음이더라.

하나님나라의 왕은 주님이시다. 주님이 그의 나라를 시작하셨고 통치하신다. 물론 사람을 통해서 하신다. 어떤 때는 사사를 통해서 왕을 통해서 하신다. 왕과 백성들이 주님의 말씀을 불순종하면 주님이 그의 나라를 친히 개혁하시고 새롭게 하신다. 주님이 꿈꾸는 나라가 되도록 하신다. 주님이 그의 나라를 새롭게 단장 하실 때 사용하는 도구가 무엇이냐 할 때 그것은 주님의 말씀이다. 선지자들을 통하여 말씀을 주셔서 그 나라를 개혁하신다. 혹은 기록된 말씀을 통하여 하신다. 왜냐하면 성경이 곧 하나님나라의 법이기 때문이다. 법으로 백성들의 생활을 바르게 하신다.

아사왕은 남왕국 유다의 세 번째 왕이다. 이 때 상황을 3절에서 "이스라엘에는 참 신이 없고 가르치는 제사장도 없고 율법도 없은 지가 오래 되었다."고 했다. 말씀을 소중하게 여기지 않자 결국 이런 상태까지 되었다. 그렇다. 말씀을 소홀히 하면 처음에는 큰 문제가 없다. 그러나 시간이 지나고 세월이 가면 큰 문제가 발생한다. 결국 주님도 잊어버린다. 가르치는 지도자도 살아진다. 아무도 하나님의 말씀을 모른다. 유다가 바로 이런 상황이 된 것이다.

5절에 의하면 그 때에 온 땅의 모든 주민이 크게 요란하여 사람의 출입이 평안하지 못했다. 이 나라와 저 나라가 서로 치고 이 성읍이 저 성읍과 또한 그러하여 피차 상한 바 되었다. 하나님이 여러 가지 고난을 그들에게 주셨다. 하나님의 백성들이 말씀을 떠나 산 결과다. 그래서 바울은 디모데전서 4장 13절에서 디모데에게 자신이 도착 할 때 까지 성경을 읽는 것과 권하는 것과 가르치는 일에 전념하라고 했다.

주님이 드디어 그의 나라를 새롭게 하신다. 방법은 역시 말씀을 통해서다. 주님은 선지자 오뎃에게 말씀을 주셨다. 오뎃은 왕인 아사에게 주님의 말씀을 전달한다. 아사는 주님의 말씀을 듣고 마음을 강하게 한다. 그렇다. 주님의 말씀은 능력이 있다. 살았고 운동력이 있다. 마음을 담대하게 해준다. 아사는 말씀으로 충만하여 가증한 물건들을 유다와 베냐민 온 땅에서 제거한다. 에브라임 산지에서 빼앗은 성읍들에서도 제거한다. 여호와의 낭실 앞에 있는 여호와의 제단을 재건한다. 어느 정도 정리를 했느냐 하면? 어머니 마아가가 만든 아세라의 가증한 목상을 모두 찍고 빻아 기드론 시냇가에서 불살랐다. 그의 태후의 자리를 폐했다. 인정사정없다. 말씀에 의거해서 철저하게 정리한다.

9절 이하에는 말씀을 가까이 하면 주시는 복이 있다. 주님이 아사왕에게 임마누엘 하셨다. 백성들이 그 사실을 보고 왕에게로 모여 온다. 이로 인해 왕권이 든든해진다. 나라가 굳건해진다. 온 유다가 마음을 다하여 맹세하고 뜻을 다하여 여호와를 찾았다. 백성들의 신앙이 성장했다. 주님께서도 그들을 만나 주신다. 그들의 사방에 평안을 주셨다. 19절에 "이 때부터 아사 왕 제 삼십오 년 까지 다시는 전쟁이 없었다."고 했다.

11

여호사밧왕도 성경으로 나라를 개혁한다

역대하 17:3-11

3 여호와께서 여호사밧과 함께 하셨으니 이는 그가 그의 조상 다윗
의 처음 길로 행하여 바알들에게 구하지 아니하고 4 오직 그의 아
버지의 하나님께 구하며 그의 계명을 행하고 이스라엘의 행위를 따
르지 아니하였음이라 5 그러므로 여호와께서 나라를 그의 손에서
견고하게 하시매 유다 무리가 여호사밧에게 예물을 드렸으므로 그
가 부귀와 영광을 크게 떨쳤더라 6 그가 전심으로 여호와의 길을
걸어 산당들과 아세라 목상들도 유다에서 제거하였더라 7 그가 왕
위에 있은 지 삼 년에 그의 방백들 벤하일과 오바댜와 스가랴와 느
다넬과 미가야를 보내어 유다 여러 성읍에 가서 가르치게 하고 8
또 그들과 함께 레위 사람 스마야와 느다냐와 스바댜와 아사헬과
스미라못과 여호나단과 아도니야와 도비야와 도바도니야 등 레위
사람들을 보내고 또 저희와 함께 제사장 엘리사마와 여호람을 보내
었더니 9 그들이 여호와의 율법책을 가지고 유다에서 가르치되 그
모든 유다 성읍들로 두루 다니며 백성들을 가르쳤더라 10 여호와께
서 유다 사방의 모든 나라에 두려움을 주사 여호사밧과 싸우지 못
하게 하시매 11 블레셋 사람들 중에서는 여호사밧에게 예물을 드리
며 은으로 조공을 바쳤고 아라비아 사람들도 짐승 떼 곧 숫양 칠천
칠백 마리와 숫염소 칠천칠백 마리를 드렸더라.

주님이 여호사밧 시대에도 그의 나라를 계속 새롭

게 하신다. 무엇으로 하시느냐? 역시 성경을 통하여 하신다. 여호사밧이 왕위에 있은 지 삼 년에 그의 방백들을 보내어 유다 여러 성읍에 가서 성경을 가르치게 하신다. 9절에서 "그들이 여호와의 율법책을 가지고 유다에서 가르치되 그 모든 유다 성읍들로 두루 다니며 백성들을 가르쳤더라."고 했다. 여호사밧은 앗사 보다 더 적극적이다. 성경에 능통한 사람들을 선발해서 각 지로 보낸다. 백성들에게 말씀을 가르친다. 백성들이 말씀을 배워서 신앙이 성장하도록 한다.

그렇다. 믿음은 들음에서 나면 들음은 그리스도의 말씀으로 말미암는다. 백성들이 성경을 배우면 주님을 알게 된다. 주님을 알면 자연히 주님을 믿는다. 믿으면 결국은 행동이 변화고 인격이 성숙해진다. 성도들이 변화되지 않는 이유는 주님을 잘 몰라서 그렇다. 주님을 배워서 알면 반드시 믿음이 생긴다. 그러면 사람이 변한다. 그래서 디모데전서 4장 5절에서 "하나님의 말씀과 기도로 거룩하여짐이니라."이라고 했다.

말씀을 가까이 한 결과는? 주변국과 평화롭게 지낸다. 여호와께서 유다 사방의 모든 나라에 두려움을 주사 여호사밧과 싸우지 못하게 하셨다. 재물이 풍성해 졌다. "블레셋 사람들 중에서는 여호사밧에게 예물을 드리며 은으로 조공을 바쳤고 아라비아 사람들도 짐승 떼 곧 숫양 칠천칠백 마리와 숫염소 칠천칠백 마리를 드렸더라."고 했다. 나라가 견고해지고 강성해졌다.

개인도 마찬가지이다. 성경을 가까이 하면 주님이 우리 마음에 항상 임마누엘 하신다. 그러면 마음이 평안하다. 마음이 평안하면 이웃과 잘 지낼 수 있다. 주변이 평화로워진다. 마음이 평안하면 범사에 하는 일이 잘된다. 그러면 재물이 모이게 된다. 가정이 영육 간에 부유해지고 행복해진다.

12

성경으로 주님의 나라를 든든하게 하신다

역대하 31:1-4

1 이 모든 일이 끝나매 거기에 있는 이스라엘 무리가 나가서 유다
여러 성읍에 이르러 주상들을 깨뜨리며 아세라 목상들을 찍으며 유
다와 베냐민과 에브라임과 므낫세 온 땅에서 산당들과 제단들을 제
거하여 없애고 이스라엘 모든 자손이 각각 자기들의 본성 기업으로
돌아갔더라 2 히스기야가 제사장들과 레위 사람들의 반열을 정하고
그들의 반열에 따라 각각 그들의 직임을 행하게 하되 곧 제사장들
과 레위 사람들에게 번제와 화목제를 드리며 여호와의 휘장 문에서
섬기며 감사하며 찬송하게 하고 3 또 왕의 재산 중에서 얼마를 정
하여 여호와의 율법에 기록된 대로 번제 곧 아침과 저녁의 번제와
안식일과 초하루와 절기의 번제에 쓰게 하고 4 또 예루살렘에 사는
백성을 명령하여 제사장들과 레위 사람들 몫의 음식을 주어 그들에
게 여호와의 율법을 힘쓰게 하라 하니라.

아하스는 히스기야의 부친이다. 20세에 왕이 되었다(대하20:1). 16년 동안 통치했다. 여호와 보시기에 정직하게

행하지 않았다. 바알의 우상을 만들어 섬겼다. 힌놈의 아들 골짜기에서 분향했다. 이방 사람들의 가증한 일을 본받았다. 백성의 자녀들을 불살랐다. 산당과 작은 산 위와 모든 푸른 나무 아래에서 제사를 드렸다.

히스기야는 이런 환경 아래에서 25세에 왕이 된다. 남왕국 유다의 13대 왕이다. 주님은 히스기야 왕을 통하여 이런 나라를 새롭게 하신다. 히스기야가 왕이 된 첫 해의 첫 달에 성전문을 모두 열고 수리하게 하신다. 주님은 먼저 레위인들이 동참하도록 하신다. 그들이 성전 안에 있는 더러운 물건들을 끌어내어 기드론 시냇가에서 불태운다.

성전 안에 들어가서 번제를 드린다. 감사제를 드린다. 다윗과 아삽의 시로 주님을 찬양한다. 즐거움으로 찬송하고 몸을 굽혀 예배했다(대하29:39). 왕이 온 이스라엘 사람들은 예루살렘으로 와서 여호와의 유월절을 지키라고 한다. 이로 인해 칠일 동안 무교절을 지켰다. 레위 사람들과 제사장들은 날마다 여호와를 찬송했다. 큰 소리 나는 악기를 울려 여호와를 찬양했다. 예루살렘에 모인 이스라엘 자손이 크게 즐거워한다. 예루살렘에 큰 기쁨이 있었다. 솔로몬 때로부터 이러한 기쁨이 예루살렘에 없었다.

백성들이 그렇게 순종한 이유가 어디 있었느냐 할 때? 역대하 30장 12절에 있다. "하나님의 손이 또한 유다 사람들을 감동시키사 그들에게 왕과 방백들이 여호와의 말씀대로 전한 명령을 한 마음으로 준행하게 하셨더라." 주님의 말씀을 읽고 가르치고 전 할 때 주님이 사람들의 마음에 성령님을 보내셨다. 바로 그 성령님이 그들의 마음을 부드럽게 하신 것이다. 히스기야가 선포하는 말씀에 순종하도록 하셨다. 그렇다. 말씀을 지속적으로 읽고 들으면 성령님이 우리 마음을 부드럽게 하신다. 마음을 움직여서 순종할 수 있는 힘을 주신다.

히스기야의 개혁이 성공 할 수 있었던 것은 말씀 때문이다. 자신의 인간적인 지혜나 전략으로 하지 않고 이미 기록된 성경으로 했다. 다른 어떤 방법을 동원하지 않았다. 오직 말씀이다. 그래서 "그런즉 서서 진리로 너희 허리띠를 띠고 의의 호심경을 붙이고, 평안의 복음이 준비한 것으로 신을 신고, 모든 것 위에 믿음의 방패를 가지고 이로써 능히 악한 자의 모든 불화살을 소멸하고, 구원의 투구와 성령의 검 곧 하나님의 말씀을 가지라(엡6:14-17)."고 했다. 여기서 진리도 역시 성경을 말한다. 성경을 성령의 검이라고 했다. 여섯 가지 무장을 요구하는데 두 가지가 성경이다.

한 나라를 새롭게 만드는 것도 쉽지 않다. 하지만 그것을 계속 유지하는 것은 더 힘들다. 당시 유다는 앗수르에 조공을 받치고 있었다. 히스기야가 이를 거부하고 독립을 추구한다. 그러자 앗수르의 산헤립이 두 차례에 걸쳐 공격했다. 히스기야 자신도 질병으로 어려움을 겪었다. 이러한 와중에서도 나라는 지속적으로 발전한다. 그 비결이 무엇이냐 할 때? 그것은 주님의 말씀을 가까이하고 순종하는 것이었다.

역대하 31장 4절에서 이렇게 말한다. "예루살렘에 사는 백성을 명령하여 제사장들과 레위 사람들 몫의 음식을 주어 그들에게 여호와의 율법을 힘쓰게 하라 하니라." 제사장들에게 성경을 읽게 하고 연구하게 한다. 그들이 먼저 순종하게 한다. 연구한 말씀을 백성들에게 가르치게 한다. 그 일을 잘 할 수 있도록 히스기야는 재정을 지원한다. 주님이 그렇게 하도록 감동을 주셨다.

오늘날 교회와 목회자들이 기억해야 할 말씀이다. 교회는 목회자가 성경을 많이 읽고 연구하도록 재정을 지원해야한다. 목회자가 생활에 신경을 쓰면 성경연구에 집중할 수 없다. 혹 한다고 해도 깊이 있게 할 수 없다. 배울 수도 없다. 그러므로 교회는 목회자가 성경을 연구하고 자유롭게 배울 수 있도록 최선의 배려를 해야 한다.

목회자는 건강한 교회를 세우기 위해서 성경을 부지런히 읽어야 한다. 무엇보다도 많이 읽어야한다. 특히 삼위일체 주님 중심으로 읽어야 한다. 그리고 깊이 있게 연구해야 한다. 연구하지 않고 남의 것을 사용하는 것은 훔치는 행위이다. 목회자로서 책임을 다하지 않는 행위이다. 주님은 에스라에게 그렇게 하도록 하셨다. 사도들의 가장 중요한 사명은 말씀을 연구하고 전하는 것이라고 했다(행6:4).

13

요시야왕이 성경을 발견하고 개혁을 시작한다

역대하 34:14-19, 29-32

14 무리가 여호와의 전에 헌금한 돈을 꺼낼 때에 제사장 힐기야가
모세가 전한 여호와의 율법책을 발견하고 15 힐기야가 서기관 사반
에게 말하여 이르되 내가 여호와의 전에서 율법책을 발견하였노라
하고 힐기야가 그 책을 사반에게 주매 16 사반이 책을 가지고 왕에
게 나아가서 복명하여 이르되 왕께서 종들에게 명령하신 것을 종들
이 다 준행하였나이다 17 또 여호와의 전에서 발견한 돈을 쏟아서
감독자들과 일꾼들에게 주었나이다 하고 18 서기관 사반이 또 왕에
게 아뢰어 이르되 제사장 힐기야가 내게 책을 주더이다 하고 사반
이 왕 앞에서 그것을 읽으매 19 왕이 율법의 말씀을 듣자 곧 자기
옷을 찢더라.

29 왕이 사람을 보내어 유다와 예루살렘의 모든 장로를 불러 모으
고 30 여호와의 전에 올라가매 유다 모든 사람과 예루살렘 주민들
과 제사장들과 레위 사람들과 모든 백성이 노소를 막론하고 다 함
께 한지라 왕이 여호와의 전 안에서 발견한 언약책의 모든 말씀을
읽어 무리의 귀에 들려주고 31 왕이 자기 처소에 서서 여호와 앞에
서 언약을 세우되 마음을 다하고 목숨을 다하여 여호와를 순종하고
그의 계명과 법도와 율례를 지켜 이 책에 기록된 언약의 말씀을 이
루리라 하고 32 예루살렘과 베냐민에 있는 자들이 다 여기에 참여
하게 하매 예루살렘 주민이 하나님 곧 그의 조상들의 하나님의 언
약을 따르니라.

유다의 15대왕인 아몬이 피살되었다. 그의 아들 요시야가 여덟 살에 왕이 된다. 왕이 백성들에 의해서 피살되고 어린 요시아가 왕이 된다는 것은 그 시대가 혼란했다는 증거다. 원인은 간단하다. 백성들이 주님을 떠나서 그렇다. 말씀을 읽지 않고 순종하지 않아서 그렇다. 요시아가 주전 640년부터 주전 609년 까지 31년 동안 남왕국 유다를 다스렸다. 왕위에 있은 지 제 십이 년에 주님이 드디어 그의 나라를 새롭게 하신다. 요시아의 나이 20살 때다. 산당들과 아세라 목상들과 아로새긴 우상들을 제거한다.

14절 이하에는 성전을 수리 할 때 있었던 일을 소개한다. 무리가 여호와의 전에 헌금한 돈을 꺼낼 때에 제사장 힐기야가 여호와의 율법책을 발견한다. 힐기야가 사반에게 율법책을 준다. 사반에게 주는 이유는 그가 서기관이기 때문이다. 사반이 책을 가지고 왕에게 간다. 서기관 사반이 왕에게 말한다. 제사장 힐기야가 자기에게 책을 한 권 주었다고 한다.

왕이 주님의 말씀을 사반에게 읽도록 한다. 왕이 율법의 말씀을 듣자 곧 자기 옷을 찢었다. 왕 자신도 말씀을 소홀히 했고 말씀에 비추어 보니 잘못이 많았다는 의미다. 그래서 옷을 찢으면서 마음을 찢어 회개한다. 말하자면 이 때 주님이 내면적인 혁신을 시작하신다. 백성들의 심령의 혁신을 시작하신다. 그런데 바로 그 시작은 성경을 발견하면서 부터이다. 성경을 통하여 영적인 혁신을 하신다.

왕이 아히감과 압돈과 서기관 사반과 왕의 시종 아사야에게 명령한다. 너희는 가서 이 발견한 책의 말씀에 대하여 여호와께 물으라고 한다. 우리 조상들이 여호와의 말씀을 지키지 아니했고, 이 책에 기록된 모든 것을 준행하지 않았다. 그래서 여호와께서 우리에게 쏟으신 진노가 크다고 말한다.

왕이 보낸 사람들이 여선지자 훌다에게 간다. 훌다가 그들에게 말한다. 여호와께서 재앙을 내리실 것이라고 했다. 성경에 기록된 모든 저주대로 하실 것이라고 했다. 그 이유는 이 백성들이 여호와를 버리고 다른 신들에게 분향했기 때문이다(25절).

요시야가 사람을 보내어 유다와 예루살렘의 모든 장로를 불러 모은다. 제사장들과 레위 사람들과 모든 백성이 모인다. 왕이 언약책의 모든 말씀을 읽어 무리의 귀에 들려준다. 왕이 자기 처소에 서서 여호와 앞에서 언약을 세운다. 마음을 다하고 목숨을 다하여 여호와를 순종하고 그의 계명과 법도와 율례를 지켜 이 책에 기록된 언약의 말씀을 이루라고 한다(31절).

예루살렘과 베냐민에 있는 자들이 모두 여기에 참여한다. 요시야가 이스라엘 자손에게 속한 모든 땅에서 가증한 것들을 다 제거한다. 이스라엘의 모든 사람으로 그들의 하나님 여호와를 섬기게 한다. 요시야가 사는 날에 백성이 하나님 여호와께 복종하고 떠나지 아니하였다고 했다.

비로소 이스라엘 백성들이 유월절을 지킨다. 그 때에 모인 이스라엘 자손이 유월절을 지키고 이어서 무교절을 칠일 동안 지켰다(대하35:17-19). 선지자 사무엘 이후로 이스라엘 가운데서 유월절을 이같이 지키지 못하였다. 이스라엘의 모든 왕들도 요시야가 제사장들과 레위 사람들과 모인 온 유다와 이스라엘 무리와 예루살렘 주민과 함께 지킨 것처럼은 유월절을 지키지 못하였다. 요시야가 왕위에 있은 지 열여덟째 해에 이 유월절을 지켰다.

아사의 개혁과 공통점이 있다. 첫째는 왕으로부터 개혁을 시도한다. 왕정시대에는 모든 권한이 왕에게 있었다. 그래서 주님은 그의 백성들이 타락하면 먼저 왕을 책망하신다. 나라를 새롭게 할 때도 먼저 왕이 회개하도록 하신다. 목회자들을 비롯하여 교회 지도자들이 기억해야 할 일이다. 두 번째, 개혁의 도구는 주님의 말씀이다(대하30:5, 16). 선지자들에게 말씀을 주신다. 때로는 기록된 말씀을 통하여 하신다. 왜냐하면 성경이 표준이기 때문이다. 세 번째는 유월절 절기를 회복한다.

5절에 보면 왕이 명령을 내린다. 온 이스라엘에 공포하여 일제히 예루살렘으로 오라고 한다. 여호와의 유월절을 지키라고 한다. 주님이 유월절을 강조하시는 이유가 있다. 유월절은 하나님의 구속사역을 기념하는 절기이기 때문이다. 이스라엘 민족의 정체성이다. 언약의 중요한 내용과 출발이다. 그래서 주님은 중요한 순간 마다 유월절을 환기시킨다.

유월절은 예수 그리스도의 구속 사역을 예표적으로 가장 잘 설명하는 절기이다. 왕들과 백성들이 즐거워하는 모습은 예수 그리스도로 말미암아 구속받은 백성들이 즐거워하는 모습이다. 교회와 성도들의 삶은 그리스도의 구속 사역을 즐거워하고 기념해야 함을 강조하는 의미가 있다. 영원한 천국에서 누리는 영광과 기쁨을 상징한다. 유월절을 잊어버렸다는 것은 구원받은 은혜를 잊었다는 의미이다.

⚜

데일 로저스(Dale Evan Rogers)여사는 자선사업가다. 버림받은 아이들, 정신지체아 등 불행한 어린이들을 돕기 위한 자선 모금 행사를 무려 5천 번 이상이나 개최하거나 주관하였다. '어려운 때의 하나님'이란 그의 저서에서 이렇게 말했다. 나는 마약에도 빠졌었고 인생의 밑바닥까지 떨어져 쓰레기 같이 되었었다. 그런 생활로부터 나를 구한 것은 성경이었다고 했다.

14

이스라엘의 개혁은 성경 연구로부터!

에스라 7:10

에스라가 여호와의 율법을 연구하여 준행하며 율례와 규례를 이스라엘에게 가르치기로 결심하였더라.

주전 538년에 스룹바벨이 바벨론에서 1차 귀국한다. 귀국 후 2년 뒤인 주전 536년에 성전 공사를 시작한다. 그러나 대적들의 거짓 모함으로 주전 534년에 중단된다. 건축을 시작한 지 2년 뒤이다. 주전 520년 까지 중단된다. 14년간 방치되어 있었다. 주전 520년에 다시 시작하여 주전 515년에 완공된다. 스룹바벨이 귀국한 이후 81년이란 세월이 지났다. 그러는 동안 이스라엘은 또 다시 타락한다. 81년이란 세월은 결코 짧은 기간이 아니다. 그러자 주님이 주전 457년에 에스라를 보내어서 새롭게 하신다.

에스라가 돌아와서 하나님나라를 재건할 때 사용한 방법이 뭐냐 할 때? 성경을 연구하는 일이다. 먼저 본인이 성경을 연구한다. 연구한 말씀을 지키고, 그런 다음 백성들에게 가르친다. 무슨 거창한 일을 하는 것이 아니다. 성경을 연구해서 백성에게 가르치는 일이다. 그렇다. 주님이 그의 나라를 새롭게 하실 때 말씀을 통해서 하신다. 지도자로 하여금 먼저 말씀을 연구하게 하신다. 그 다음 백성에게 가르치게 하신다. 다른 여러 가지 방법이 있을 것이다. 그러나 주님은 먼저 성경을 통하여 그의 나라를 새롭게 하신다.

특히 지도자들은 기억하자. 교회가 어려워지고 문제가 생길 때, 지도자 자신이 먼저 말씀으로 돌아가야 한다. 사람들의 소리에 흔들리지 말고 말씀에 귀를 기우려야 한다. 말씀으로 자신을 점검하고 무장해야 한다. 그러면 말씀이 목회자의 영혼을 새롭게 한다. 강하게 해준다. 또 말씀이 성도들을 다스린다. 결국 교회는 평안을 되찾게 된다.

15

백성들이 성경을 읽어주라고 요청한다

느헤미야 8:1-9

1 이스라엘 자손이 그 본성에 거하였더니 칠월에 이르러는 모든 백성이 일제히 수문 앞 광장에 모여 학사 에스라에게 여호와께서 이스라엘에게 명하신 모세의 율법책을 가지고 오기를 청하매 2 칠 월 일 일에 제사장 에스라가 율법책을 가지고 남자 여자 무릇 알아들을 만한 회중 앞에 이르러 3 수문 앞 광장에서 새벽부터 오정까지 남자, 여자 무릇 알아들을 만한 자의 앞에서 읽으매 뭇 백성이 그 율법책에 귀를 기울였는데 4 때에 학사 에스라가 특별히 지은 나무 강단에 서매 그 선자는 맛디댜와 스마와 아나야와 우리야와 힐기야와 마아세야요 그 좌편에 선자는 브다야와 미사엘과 말기야와 하숨과 하스밧다나 와 스가랴와 므술람이라 5 학사 에스라가 모든 백성위에 서서 저희 목전에 책을 펴니 책을 펼 때에 모든 백성이 일어서니라 6 에스라가 광대하신 하나님 여호와를 송축하매 모든 백성이 손을 들고 아멘, 아멘 응답하고 몸을 굽혀 얼굴을 땅에 대고 여호와께 경배하였느니라. 7 예수아와 바니와 세레뱌와 야민과 악굽과 사브대와 호디야와 마아세야와 그리다와 아사랴와 요사밧과 하난과 블라야와 레위 사람들이 다 그 처소에 섰는 백성에게 율법을 깨닫게 하는데 8 하나님의 율법책을 낭독하고 그 뜻을 해석하여 백성으로 그 낭독하는 것을 다 깨닫게 하매 9 백성이 율법의 말씀을 듣고 다 우는지라.

주님은 에스라를 통하여 그의 나라를 새롭게 하셨다. 유대인들과 결혼한 이방 여인들을 돌려보내는 대대적인 개혁을 하셨다. 그 이후 13년이라는 세월이 흘렀다. 13년이 결코 짧은 기간은 아니다. 하나님나라의 백성들의 생활이 또 헤이 해진다. 율법에 관심이 없다. 세상에 관심을 가진다. 세상 풍속에 동화되어 세속화 된다. 신분적으로는 하나님의 백성이다. 하지만 여전히 죄성을 가진 인간인지라 또 방종한다. 영적으로 침체된다. 세상으로 부터도 핍박과 조롱을 당한다. 예루살렘에 남아 있는 자들은 큰 환난을 당하고 능욕을 받는다. 예루살렘 성은 허물어지고 성문들은 불탔다(느1:3).

그러자 주님이 다시 그의 나라를 새롭게 하려고 하신다. 주님이 느헤미야를 파송하신다. 그는 주전 444년에 예루살렘으로 돌아온다. 돌아와서 52일 만에 무너진 성벽을 재건했다. 일종의 외형적인 혁신이다. 성벽 건축을 마친 후 주님은 내적인 혁신을 시도하신다. 백성들의 무너진 영성을 회복시키려고 하신다. 이 때 주님은 예루살렘으로 돌아온 제사장 에스라를 통해서 하신다.

모든 백성이 일제히 수문 앞 광장에 모였다. 백성들이 학사 에스라에게 율법책을 가지고 오라고 요구한다. 참 이상한 현상이다. 지도자가 요청하는 것이 아니라 백성들이 지도자에게 성경을 읽어 주라고 요청한다. 특이한 현상이다. 히스기야나 아사 왕이나 요시아 왕 시대와는 정반대다. 당시에는 왕들이 개혁을 주도했다. 그러나 이제는 백성들이 주도 한다. 말씀을 읽어달라고 요구하고 있다. 주님이 백성들의 마음을 움직이신 것이다.

칠 월 일 일에 제사장 에스라가 율법책을 읽어 준다. 새벽부터 오정까지 남자, 여자 무릇 알아들을 만한 자의 앞에서 읽는다. 백성들은 그 율법책에 귀를 기울였다. 학사 에스라가 모든 백성 위에 선다. 백성들의 목전에서 책을 편다. 책을 펼 때에 모든 백성이 일어선다. 동방정교는 이 모습을 근거로 해서 서서 예배한다. 레위 사람들이 백성에게 율법을 깨닫게 한다. 성경을 낭독하고 그 뜻을 해석하여 준다. 백성으로 다 깨닫게 한다. 그러자 백성이 율법의 말씀을 듣고 다 울었다. 주님이 성경을 통해서 그의 나라를 새롭게 하신다. 히스기야 시대나 요시아 시대나 느헤미야 시대나 그 방법은 동일하다.

16

낮 사분의 일은 여호와의 율법책을 낭독한다

느헤미야 9:1-5

1 그 달 스무나흗 날에 이스라엘 자손이 다 모여 금식하며 굵은 베
옷을 입고 티끌을 무릅쓰며 2 모든 이방 사람들과 절교하고 서서
자기의 죄와 조상들의 허물을 자복하고 3 이 날에 낮 사분의 일은
그 제자리에 서서 그들의 하나님 여호와의 율법책을 낭독하고 낮
사분의 일은 죄를 자복하며 그들의 하나님 여호와께 경배하는데 4
레위 사람 예수아와 바니와 갓미엘과 스바냐와 분니와 세레뱌와 바
니와 그나니는 단에 올라서서 큰 소리로 그들의 하나님 여호와께
부르짖고 5 또 레위 사람 예수아와 갓미엘과 바니와 하삽느야와 세
레뱌와 호디야와 스바냐와 브다히야는 이르기를 너희 무리는 마땅
히 일어나 영원부터 영원까지 계신 너희 하나님 여호와를 송축할지
어다 주여 주의 영화로운 이름을 송축하올 것은 주의 이름이 존귀
하여 모든 송축이나 찬양에서 뛰어남이니이다.

그 달 24일은 7월 24일 즉 히브리력으로는 디스리 월 24일이다. 주전 444년 10월 30일이다. 느헤미야 8장의 회

개는 7월 1일과 10일에 있었다. 대 속죄일은 7월 10일인데 집회 일자를 24일로 잡은 것은 특별한 계획이 있었기 때문이다. 주님이 이스라엘 백성들과 특별한 언약을 체결하시기 위해서이다. 거국적으로 회개시키고 언약을 체결하려는 주님의 의도가 있었기 때문이다.

이스라엘 자손이 다 모여 금식한다. 굵은 베 옷을 입고 티끌을 무릅쓰고 회개한다. 모든 이방 사람들과 절교한다. 자기의 죄와 조상들의 허물을 자복한다. 그들이 조상들의 죄를 회개하는 이유는 이스라엘 백성들은 언제나 한 몸으로 생각하기 때문이다.

3절에 "이 날에 낮 사분의 일은 그 제자리에 서서 그들의 하나님 여호와의 율법책을 낭독했다."고 했다. 낮 사분의 일은 죄를 자복했다. 하나님 여호와께 경배한다. 견고한 언약을 세워 기록한다. 방백들과 레위 사람들과 제사장들이 다 인봉한다. 일종의 언약 갱신이다. 여호수아가 세겜에서 언약을 갱신한 것과 같다. 거듭났다는 뜻이다. 새 출발한다는 의미이다. 느헤미야 10장에 보면 당시에 인봉한 자들의 이름이 있다.

주님이 거듭 그의 나라를 새롭게 단장하신다. 그러면 그 후

한 동안은 백성들이 말씀을 사랑하고 순종한다. 믿음으로 산다. 하지만 세월이 지나면 또 불순종한다. 사사시대나 마찬가지이다. 그러자 주님은 다시 근본적인 개혁을 하신다. 그 도구는 역시 성경이다. 주님은 그의 말씀을 통하여 하신다. 낮사분의 일은 성경을 집중적으로 낭독하게 해서 개혁을 시작하셨다.

17

행복하게 사는 길

시편 1:1-6

1 복 있는 사람은 악인들의 꾀를 따르지 아니하며 죄인들의 길에 서
지 아니하며 오만한 자의 자리에 앉지 아니하고 2 오직 여호와의
율법을 즐거워하여 그의 율법을 주야로 묵상하는 자로다 3 그는 시
냇가에 심은 나무가 철을 따라 열매를 맺으며 그 잎사귀가 마르지
아니함 같으니 그가 하는 모든 일이 다 형통하리로다 4 악인들은
그렇지 아니함이여 오직 바람에 나는 겨와 같도다 5 그러므로 악인
들은 심판을 견디지 못하며 죄인들이 의인들의 모임에 들지 못하리
로다 6 무릇 의인들의 길은 여호와께서 인정하시니 악인들의 길은
망하리로다.

성도가 세상에서 1절과 같이 생활하기가 쉽지 않다. 악인들과 같이 생각하지 않고, 죄인들과 같이 행동하지 않고, 악한 습관이 고착되지 않도록 하는 것은 어렵다. 특히 조직사회에서는 더 더욱 어렵다. 그래도 성도는 그렇게 살아야 한다. 불신자들은 성공을 위해서 수단과 방법을 가리지 않는다.

온갖 방법을 다 동원한다. 그러나 성도는 그들과 같이 할 수 없다. 그러면 어떻게 하면 1절과 같이 살 수 있을까? 그 방법이 2절에 있다. 오직 여호와의 율법을 즐거워하여 그의 율법을 주야로 묵상하는 것이다. 이렇게만 하면 반드시 승리하고 성공한다.

또 우리의 삶이 3절과 같이 되기를 원한다. 시냇가에 심은 나무가 철을 따라 열매를 맺으며 그 잎사귀가 마르지 아니함 같은 생활이다. 하는 모든 일이 다 형통하기를 바란다. 그런데 이렇게 되는 것 역시 쉽지 않다. 그런데 가능한 방법이 있다. 그 방법은 역시 2절이다. 오직 여호와의 율법을 즐거워하여 그의 율법을 주야로 묵상하는 것이다. 2절을 시도해보라. 그러면 반드시 가능하다.

그렇게 안하면 4절과 같이 될 위험이 있다. 바람에 나는 겨와 같은 인생이 되고 만다. 당신은 어떤 삶을 살고 싶은가? 선택은 당신에게 있다. 방법은 쉽다. 매일 매일 성경을 읽고 묵상하면 된다. 말씀을 붙잡고 성령의 능력 안에서 실천하면 된다.

18

해와 같은 성경

시편 19:7–10

7 여호와의 율법은 완전하여 영혼을 소성케 하고 8 여호와의 증거
는 확실하여 우둔한 자로 지혜롭게 하며 9 여호와의 교훈은 정직하
여 마음을 기쁘게 하고, 여호와의 계명은 순결하여 눈을 밝게 하도
다 10 여호와를 경외하는 도는 정결하여 영원까지 이르고, 여호와의
규례는 확실하여 다 의로우니 금 곧 많은 정금보다 더 사모할 이며
꿀과 송이 꿀보다 더 달도다.

시편 19편은 겉으로 보기에는 두 부분으로 나눠진 것 같다. 1절부터 6절 까지, 7절부터 14절 까지 이다. 그래서 어떤 이들은 두 편의 시를 하나로 합했다고 까지 한다. 그러나 그렇지 않다. 전반부와 후반부는 내용상 전혀 다르게 보인다. 하지만 아주 밀접한 관계가 있다. 전반부는 자연세계에 대한 내용이다. 1절에서 하늘이 하나님의 영광을 선포한다. 궁창이 주님이 손으로 하신 일을 나타낸다. 주님이 창조하신

세계가 주님의 영광을 드러낸다. 날은 날에게 말하고 밤은 밤에게 주님의 영광스러운 창조를 알린다. 언어도 없고 말씀도 없으며 들리는 소리도 없으나 하나님의 창조와 그의 위대함을 온 세상에 알린다.

4절에 태양이 나온다. 태양은 자연세계를 밝히는 물체다. 가장 중요한 역할을 한다. 해에 대한 여러 가지 묘사가 나온다. 아침에 떠오르는 태양의 모습을 신랑이 방에서 나오는 것 같다고 했다. 아침 해는 인간에게 신선함과 기쁨과 희망을 준다. 그 길을 달리기 기뻐하는 장사 같다고 했다. 해가 끊임없이 자기의 길을 운행하는 모습을 그렇게 표현했다. '기뻐하는' 이란 말은 해의 밝음을 상징한다. 왜냐하면 빛과 기쁨은 서로 연관성이 많기 때문이다.

7절 이하에서 주님의 말씀이 등장한다. 앞에서 언급한 태양과 대조된다. 태양이 자연세계를 밝히는 것이라면 주님의 말씀은 영혼세계를 밝히는 태양이다. 여호와의 율법은 완전하여 영혼을 소성시킨다. 여호와의 증거는 확실하여 우둔한 자를 지혜롭게 한다. 여호와의 교훈은 정직하여 마음을 기쁘게 하고 여호와의 계명은 순결하여 눈을 밝게 한다. 여호와를 경외하는 도는 정결하여 영원까지 이른다. 여호와의 법도는 진실하여 다 의롭다. 그래서 다윗은 금 곧 많은 순금보다 더 사모할 것이며 꿀과 송이 꿀 보다 더 달다고 했다. 다윗은 성경으로 경고를 받고 성경말씀을 잘 지킴으로 상이 크다고 했다.

19

요셉이 총리가 될 수 있었던 비결은?

시편 105:17-22

17 한 사람을 앞서 보내셨음이여 요셉이 종으로 팔렸도다 18 그 발
이 착고에 상하며 그 몸이 쇠사슬에 매였으니 19 곧 여호와의 말씀
이 응할 때까지라 그 말씀이 저를 단련하였도다. 20 왕이 사람을
보내어 저를 방석함이여 열방의 통치자가 저로 자유케하였도다 21
저로 그 집의 주관자를 삼아 그 모든 소유를 관리케 하고 22 임의
로 백관을 제어하며 지혜로 장로들을 교훈하게 하였도다.

성경을 읽으면서 궁금한 것 중에 하나가 요셉이 국무총리가 된 과정이다. 요셉은 야곱의 열한 번째 아들이다. 야곱이 특별히 사랑해서 채색 옷을 만들어 입혔다. 이런 아버지의 편애로 인해 형들에게 미움을 샀다. 17세 때에 형들에 의해 애굽으로 팔려 간다. 시위 대장 보디발의 집에서 가정 총무를 한다. 보디발의 아내로 인해 감옥에 갔다. 감옥에서는 간수장을 돕는 일을 한다. 바로의 술장관과 떡 굽는 장관의

꿈을 해석해 준다. 이후 술장관의 소개로 바로왕의 꿈을 해석해준다. 이것이 계기가 되어 요셉은 애굽의 총리가 된다. 이때 나이가 대략 30세였다.

이렇게 젊은 나이에 총리가 된다는 것은 불가능하다. 이유는 두 가지다. 첫째는 요셉은 지도자가 되기 위해서 받는 훈련을 받은 경력이 없다. 일반적으로 총리가 되려면 많은 과정을 거친다. 소년 시절과 청년시절에는 공부를 한다. 중등교육과 고등교육을 받는다. 관공서에 들어가 여러 직책을 맡아 업무를 익힌다. 지도자로서 경험을 쌓고 능력을 키운다. 그런데 요셉은 그런 과정이 없었다. 그런데 감옥에서 나온 즉시 애굽의 총리가 되었다. 가능한 일이겠는가? 두 번째는 애굽이라는 나라가 작은 나라가 아니다. 당시에 가장 큰 대국이었다. 권모와 술수가 많은 세속나라다. 권력을 차지하려고 암투가 치열한 정치판이다. 그런 나라에서 갑자기 총리가 된다는 것은 이해할 수 없다.

그런데 요셉이 총리가 될 수 있었던 이유가 있다. 19절에 '그 말씀이 저를 단련하였도다.' 라고 했다. 주님께서 그의 말씀으로 그를 단련시키셨다. 당시는 기록된 말씀이 없었다. 주님이 직접 꿈으로 다양한 자연 계시로 하셨다. 그렇다. 주님이 그의 말씀으로 요셉을 훈련시키시고 준비하셨다. 여호와의 율법은 완전하여 영혼을 소성케 한다. 여호와의 증거는 확실하여 우둔한 자로 지혜롭게 하며, 여호와의 교훈은 정직하여 마음을 기쁘게 한다. 여호와의 계명은 순결하여 눈을 밝게 한다(시19:7-9).

20

성경을 사랑하는 자가 받는 복

시편 112:1-3

1 할렐루야 여호와를 경외하며 그 계명을 크게 즐거워하는 자는 복
이 있도다 2 그 후손이 땅에서 강성함이여 정직자의 후대가 복이
있으리로다 3 부요와 재물이 그 집에 있음이여 그 의가 영원히 있
으리로다.

여호와를 경외하는 자가 복이 있다고 했다. 그 계명을 크게 즐거워하는 자도 복이 있다고 했다. 주님을 경배하는 것과 성경을 즐거이 읽는 것을 동일하게 여긴다. 옳은 말씀이다. 어떤 복을 주신다고 했느냐? 그 후손이 땅에서 강성해지는 복이다. 자신은 물론이거니와 오고 오는 수많은 후손들에게 복을 주신다고 했다.

일반적으로 사람들은 자신과 자녀들이 잘되는 것만 생각한다. 그러면 성공했다고 한다. 물론 그렇다. 하지만 후대가

잘 되어야 진정한 성공이다. 3대 까지 성공하고 그 이후 세대는 실패한다면 그것이 진정한 성공이 될 수 있을까? 후손들이 주님을 모르고 신앙이 없다면 그것은 참다운 성공이 아니다. 후손들이 믿음 안에서 잘 돼야 성공이다. 후대 전체가 주님 오실 때 까지 믿음으로 살아야 진정한 성공이다.

3절에서 부요와 재물이 그 집에 있을 것이라고 했다. 성경을 크게 사랑하는 자는 재물도 많이 받는다. 당연하다. 성경을 부지런히 읽고 묵상하면 주님이 지혜를 주신다. 총명을 주신다. 그러면 재물도 많이 모을 수 있다.

워너메이크가 대표적인 사람이다. 그는 어린 시절에 노동을 해서 성경을 한권 샀다. 꾸준히 읽고 공부하자 주님이 그에게 지혜를 주었다. 그는 백화점을 최초로 만든 사람이다. 백화점 왕이 되었다. PGA골프대회를 창설할 만큼 많은 재산을 모았다. 세계적인 부자가 되었다. 그는 성경이 자신을 그렇게 만들었다고 스스럼없이 말한다.

'그 의가 영원히 있을 것' 이라고 했다. 성경을 크게 즐거워했던 사도들이 이 사실을 증명한다. 그들은 성경을 생명 같이 사랑하고 읽었다. 그 말씀을 기초로 신약성경을 기록했다. 성경을 사랑했던 많은 그리스도인들 역시 그렇다. 그들의 아름다운 신앙행적이 오늘날까지 전해지고 있다. 그 의가 영원히 있을 것이라고 한 주님의 말씀이 성취된 것이다.

조상된 여러분들이여! 신앙의 명가를 이루고 싶지 않은가? 훌륭한 후대들을 예비해서 하나님나라에 공헌하고 싶지 않은가? 여기 방법이 있다. 조상된 우리가 먼저 주의 말씀을 크게 즐거워하는 것이다. 주야로 말씀을 읽고 묵상하는 것이다. 마음에 말씀을 새겨서 그 말씀을 따라 사는 것이다. 우리가 안하면 누가 하겠는가? 지금 안하면 언제 할 수 있겠는가? 주의 나라를 위해, 우리 가문의 미래를 위해 지금 바로 성경을 읽자. 자녀들과 함께 성경을 읽자.

21

176절, 절절이 성경이다

시편 119:1-176절

1 행위가 온전하여 여호와의 율법을 따라 행하는 자들은 복이 있음이여 2 여호와의 증거들을 지키고 전심으로 여호와를 구하는 자는 복이 있도다.

성경에서 절의 수가 가장 많은 곳은 시편 119편이다. 모두 176절이다. 그런데 참 신기한 것은 각 구절 마다 성경에 대한 표현이 있다. 여호와의 율례, 여호와의 증거, 주의 도, 주의 법도, 주의 율례, 주의 계명, 의로운 판단, 주의 말씀 등의 표현이 있다. 각 구절 마다 이런 표현이 있다는 것은 무엇을 의미할까? 성경이 성도들의 생활과 밀접하게 관계가 있다는 의미이다. 우리의 영혼을 거듭나게 할 뿐 아니라 우리의 인격을 새롭게 하고, 그릇된 가치관을 바르게 하고, 인생 전반에 걸쳐 지침이 되고 표준이 된다는 뜻이다. 고기가 물을 떠나 살 수 없듯이 성도는 주의 말씀을 떠나서는 살 수 없음을 의미한다.

시편 기자는 성경에 대해 주옥같은 고백을 하고 있다. 주의 입의 법이 내게는 천천 금은보다 좋다고 했다. 10절에서 "내가 전심으로 주를 찾았사오니 주의 계명에서 떠나지 말게 하소서"라고 기도했다. 자신의 눈을 열어서 주의 율법에서 놀라운 것을 보게 해달라고 기도한다(119:18). 97절에서 "내가 주의 법을 어찌 그리 사랑하는지요 내가 그것을 종일 작은 소리로 읊조리나이다"라고 했다. 성경 말씀의 맛이 어찌 그리 단지 꿀보다 더 달다고 했고, 주의 말씀은 발의 등과 같고 길에 빛과 같다고 했다(119:105). 131절에서는 주의 계명들을 사모해서 입을 열고 헐떡였다고 했다.

찰스 피니는 미국인이다. 29세에 변호사가 된 수재다. 평소에 책을 좋아했다. 그는 많은 장서 중에서 성경이 없다면 상식에 벗어난 일이라고 생각했다. 남에게 보이기 위하여 큼직한 성경 한 권을 서고에 꽂아 놓았다. 그런데 병석에 외롭게 누워있던 어느 날 갑자기 성경이 읽고 싶었다. 성령께서 감동을 주신 것이다. 책장에서 오랜만에 빼든 것을 시작으로 그는 성경의 진리에 빠져 들어가기 시작했다. 성경을 읽다가 생의 대전환을 맞는다. 법관이나 정치가가 되겠다는 욕심을 버리고 목사가 되었다. 말씀을 잘 가르쳐서 심령을 새롭게 하는 위대한 부흥사가 되었다. 오벌린대학의 제2대 총장을 역임했으며 종교 교육에도 큰 공헌을 하였다.

22

아비의 훈계와 어미의 법을 떠나지 말라

잠언 1:7-9

7 여호와를 경외하는 것이 지식의 근본이거늘 미련한 자는 지혜와 훈계
를 멸시하느니라 8 내 아들아 네 아비의 훈계를 들으며 네 어미의 법을
떠나지 말라 9 이는 네 머리의 아름다운 관이요 네 목의 금 사슬이니라.

23

감추어진 보배를 찾는 것 같이 말씀을 사모하라

잠언 2:1-10

1 내 아들아 네가 만일 나의 말을 받으며 나의 계명을 네게 간직하며 2
네 귀를 지혜에 기울이며 네 마음을 명철에 두며 3 지식을 불러 구하며
명철을 얻으려고 소리를 높이며 4 은을 구하는 것 같이 그것을 구하며
감추어진 보배를 찾는 것 같이 그것을 찾으면 5 여호와 경외하기를 깨
달으며 하나님을 알게 되리니 6 대저 여호와는 지혜를 주시며 지식과
명철을 그 입에서 내심이며 7 그는 정직한 자를 위하여 완전한 지혜를
예비하시며 행실이 온전한 자에게 방패가 되시나니 8 대저 그는 정의의
길을 보호하시며 그의 성도들의 길을 보전하려 하심이니라 9 그런즉 네
가 공의와 정의와 정직 곧 모든 선한 길을 깨달을 것이라 10 곧 지혜가
네 마음에 들어가며 지식이 네 영혼을 즐겁게 할 것이요.

24

진리를 네 목에 매라

잠언 3:1-6

1 내 아들아 나의 법을 잊어버리지 말고 네 마음으로 나의 명령을
지키라 2 그리하면 그것이 네가 장수하여 많은 해를 누리게 하며
평강을 더하게 하리라 3 인자와 진리가 네게서 떠나지 말게 하고
그것을 네 목에 매며 네 마음판에 새기라 4 그리하면 네가 하나님
과 사람 앞에서 은총과 귀중히 여김을 받으리라 5 너는 마음을 다
하여 여호와를 신뢰하고 네 명철을 의지하지 말라 6 너는 범사에
그를 인정하라 그리하면 네 길을 지도하시리라.

25

내 말을 네 마음에 두라

잠언 4:1-4

1 아들들아 아비의 훈계를 들으며 명철을 얻기에 주의하라 2 내가
선한 도리를 너희에게 전하노니 내 법을 떠나지 말라 3 나도 내 아
버지에게 아들이었으며 내 어머니 보기에 유약한 외아들이었노라
4 아버지가 내게 가르쳐 이르기를 내 말을 네 마음에 두라 내 명령
을 지키라 그리하면 살리라.

26

성경을 네 눈에서 떠나게 하지 말라

잠언 4:20-24

20 내 아들아 내 말에 주의하며 내가 말하는 것에 네 귀를 기울이
라 21 그것을 네 눈에서 떠나게 하지 말며 네 마음속에 지키라 22
그것은 얻는 자에게 생명이 되며 그의 온 육체의 건강이 됨이니라
23 모든 지킬 만한 것 중에 더욱 네 마음을 지키라 생명의 근원이
이에서 남이니라 24 구부러진 말을 네 입에서 버리며 비뚤어진 말
을 네 입술에서 멀리 하라.

27

성경은 등불이며 빛이다

잠언 6:20-24

20 내 아들아 네 아비의 명령을 지키며 네 어미의 법을 떠나지 말
고 21 그것을 항상 네 마음에 새기며 네 목에 매라 22 그것이 네가
다닐 때에 너를 인도하며 네가 잘 때에 너를 보호하며 네가 깰 때
에 너와 더불어 말하리니 23 대저 명령은 등불이요 법은 빛이요
훈계의 책망은 곧 생명의 길이라 24 이것이 너를 지켜 악한 여인
에게 이방 여인의 혀로 호리는 말에 빠지지 않게 하리라.

28

내 법을 네 눈동자처럼 지키라

잠언 7:1-4

1 내 아들아 내 말을 지키며 내 계명을 간직하라 2 내 계명을 지켜
살며 내 법을 네 눈동자처럼 지키라 3 이것을 네 손가락에 매며 이
것을 네 마음판에 새기라 4 지혜에게 너는 내 누이라 하며 명철에
게 너는 내 친족이라 하라 5 그리하면 이것이 너를 지켜서 음녀에
게, 말로 호리는 이방 여인에게 빠지지 않게 하리라.

잠언은 가장 고상한 지식 즉 지혜가 무엇인지를 설명한다. 그 지혜는 곧 창조주이자 구속의 주이신 삼위일체 주님을 아는 것이다. 마음을 다하고 정성을 다하고 뜻을 다하여 주님의 섬기는 것이다. 잠언은 그런 구체적인 지식과 지혜를 가르쳐 주는 것이 성경이라고 한다. 특히 지혜의 왕이었던 솔로몬왕이 성령의 감동을 받아 말하고 있다. 그것도 반복해서 말한다. 이것은 바로 성경이 우리의 인생을 바르게 지도하는

유일무이한 지혜서임을 강조하는 것이다.

잠언 2장 1절에서 나의 말, 나의 계명이라고 했는데 다 성경을 의미한다. 성경을 읽고 마음에 간직하라고 한다. 신명기 6장 6절에서는 마음에 새기라고 했다. 잠언 6장 21절에서도 그것을 항상 네 마음에 새기며 네 목에 매라고 했다. 읽고 주야로 묵상해서 기억하라는 의미이다. 2장 1절에서 네 귀를 지혜에 기울이며 네 마음을 명철에 두라고 했다. 지혜와 명철 역시 성경을 읽을 때 얻는다.

2장 3절에서 지식을 불러 구하며 명철을 얻으려고 소리를 높이라고 했다. 은을 구하는 것 같이 그것을 구하며 감추어진 보배를 찾는 것 같이 찾으라고 했다. 은을 구하듯 하라는 것은 돈을 벌려고 힘을 쓰듯이 그렇게 하라는 말이다. 그 누구도 돈을 싫어하는 사람은 없다. 모두 돈을 벌기 위해서 노력하고 힘쓴다. 바로 그렇게 말씀을 사모하라고 한다.

그렇다. 그렇게 하면 여호와 경외하기를 깨달으며 하나님을 알게 된다. 지혜가 마음에 들어가며 지식이 영혼을 즐겁게 한다. 여호와는 지혜를 주시며 지식과 명철을 주신다. 주님은 말씀을 읽고 그 말씀을 지키는 자에게 방패가 되어주신다. 그런 성도를 온전히 지켜주신다. 공의와 정의와 정직 곧 모든 선한 길을 깨닫게 하신다. 말씀에 주의하는 자는 좋은 것을 얻을 것이라고 했다(잠16:20).

6장 20절에서 말하는 아비의 명령과 네 어미의 법은 1차적으로 부모님의 교훈을 말한다. 그러나 더 엄밀히 말하면 성경을 말한다. 왜냐하면 이스라엘의 아버지와 어머니는 자녀들에게 성경을 가르쳤다. 6장 22절에서는 말씀이 우리가 다닐 때에 우리를 인도하고, 우리가 잘 때에 우리를 보호하고, 우리가 깰 때에 우리와 더불어 말할 것이라고 했다. 말씀은 등불이요 법은 빛이라고 했다. 훈계와 책망은 곧 생명의 길이라고 했다.

29

하나님의 말씀은 영원하다

이사야 40:6-8

6 말하는 자의 소리여 이르되 외치라 대답하되 내가 무엇이라 외치
리이까 하니 이르되 모든 육체는 풀이요 그의 모든 아름다움은 들
의 꽃과 같으니 7 풀은 마르고 꽃이 시듦은 여호와의 기운이 그 위
에 붊이라 이 백성은 실로 풀이로다 8 풀은 마르고 꽃은 시드나 우
리 하나님의 말씀은 영원히 서리라 하라.

말하는 자는 주님을 가리킨다. 말하는 자의 소리는 선지자 즉 이사야를 말한다. 말씀을 전하는 자와 주님과 아주 분명한 대조를 이룬다. 이는 성경이 사람의 생각대로 된 것이 아님을 증명한다. 모든 성경이 하나님의 감동으로 된 것을 증명하는 중요한 본문이다. 성경의 영감과 그 권위를 말한다. 말씀을 전달하는 자는 소리에 지나지 않는다. 세례 요한이 바로 이 말씀을 인용해서 자신을 광야의 외치는 자의 소리라고

했다(요1:23). 설교자들이 명심해야 할 말씀이다. 설교자는 말씀하시는 자의 소리다. 주님의 뜻을 전달하고 말하는 자다. 자신이 무엇을 만들어서 말하는 자가 아니다.

주님은 오늘 본문에서 모든 인생은 풀과 같은 존재라고 선언하신다. 인간은 본질적으로 하나님의 형상대로 지은 귀한 존재다. 하지만 타락한 인간의 그 연약한 모습은 실로 풀과 같다. 그래서 주님은 인생이 풀과 같은 존재임을 거듭 말씀하신다. 7절에서 주님의 기운이 불면 풀 같은 인생들은 모두 다 말라 버린다고 하셨다. 그들이 이루어 놓은 모든 업적들도 쇠퇴해지고 없어져 버린다.

주님은 이사야 선지자를 통하여 그의 말씀이 영원함을 강조하신다. 사람이나 그들의 영화는 시드는 풀과 그 꽃과 같다고 하셨다. 잠시 있다가 시드는 풀과 같고 피었다가 곧 지는 꽃과 같은 존재라고 하셨다. 그러나 주님의 말씀은 영원하다. 말씀은 태초부터 있었다. 지금 까지 계속되고 있다. 앞으로도 변함없이 계속 될 것이다.

어떤 할머니는 틈틈이 성경을 읽는다. 이상한 것은 성경을 읽지 않고 사람 이름만 읽는다. 목사님이 그 이유가 궁금하여 할머니에게 물어봤다. "할머니! 왜 사람 이름만 읽고 계신가요?" 그러자 할머니의 명쾌한 대답이 이어졌다. "아이고 목사님! 곧 하나님 앞에 갈 텐데 성경은 다 읽어서 무엇 합니까? 이 사람들이 다 천국에 있을 텐데 이름은 외워 가야 되지 않겠습니까? 만나면 아는 척이라도 하지요"

30

성경은 반드시 경건의 열매를 맺게 한다

이사야 55:8-11

8 이는 내 생각이 너희의 생각과 다르며 내 길은 너희의 길과 다름
이니라 여호와의 말씀이니라 9 이는 하늘이 땅보다 높음 같이 내
길은 너희의 길보다 높으며 내 생각은 너희의 생각보다 높음이니라
10 이는 비와 눈이 하늘로부터 내려서 그리로 되돌아가지 아니하고
땅을 적셔서 소출이 나게 하며 싹이 나게 하여 파종하는 자에게는
종자를 주며 먹는 자에게는 양식을 줌과 같이 11 내 입에서 나가는
말도 이와 같이 헛되이 내게로 되돌아오지 아니하고 나의 기뻐하는
뜻을 이루며 내가 보낸 일에 형통함이니라.

8절에서 인간의 생각과 주님의 생각이 다르다고 했다. 하늘이 땅보다 높음 같이 내 길은 너희의 길보다 높으며 내 생각은 너희의 생각보다 높다고 했다. 주님의 생각과 지혜는 그 높이와 깊이와 길이와 넓이를 측량 할 수 없을 정도다.

사도 바울은 이런 은혜를 체험하고 "깊도다 하나님의 지혜와 지식의 풍성함이여, 그의 판단은 헤아리지 못할 것이며 그의 길은 찾지 못할 것이로다. 누가 주의 마음을 알았느냐 누가 그의 모사가 되었느냐(롬11:3-34)."고 했다. 그러나 우리는 이런 주님의 생각과 지혜를 성경을 통해서 알 수 있다. 바울도 이 성경을 읽으면 자신이 경험한 하나님의 지혜를 경험 할 수 있을 것이라고 했다(엡3:4).

10절 이하에서는 비와 눈을 예로 든다. 비와 눈은 하늘에서 내려와 그냥 돌아가지 않는다. 땅을 적셔서 소출이 나게 한다. 파종하는 자에게는 종자를 준다. 양식을 제공한다. 주님의 말씀도 그와 같다. 주님의 입에서 나가는 말씀도 헛되이 되돌아가지 않는다. 반드시 주님이 기뻐하시는 뜻을 이룬다. 결국은 주님이 계획하신 일이 형통하도록 한다. 특별히 예수 그리스도를 통해 인간 구속의 뜻을 이룬다.

31

새들보다 못한 이스라엘 백성들

예레미야 8:7-10

7 공중의 학은 그 정한 시기를 알고 산비둘기와 제비와 두루미는
그들이 올 때를 지키거늘 내 백성은 여호와의 규례를 알지 못하도
다 8 너희가 어찌 우리는 지혜가 있고 우리에게는 여호와의 율법이
있다 말하겠느냐 참으로 서기관의 거짓의 붓이 거짓되게 하였나니
법을 거짓되게 9 지혜롭다 하는 자들은 부끄러움을 당하며 두려워
떨다가 잡히리라 보라 그들이 여호와의 말을 버렸으니 그들에게 무
슨 지혜가 있으랴 10 그러므로 내가 그들의 아내를 타인에게 주겠
고 그들의 밭을 그 차지할 자들에게 주리니 그들은 가장 작은 자로
부터 큰 자까지 다 욕심내며 선지자로부터 제사장까지 다 거짓을
행함이라.

여호와 하나님이 이스라엘 백성들에게 말씀을 가까이 할 것을 무척 강조하셨다. 옷단 귀에 술을 만들어 그것을 볼 때 마다 성경 말씀을 기억하라고 하셨다(민15:39). 만나를 주신 것도 매일 만나를 먹듯이 매일 같이 성경을 읽으라는 것

을 교훈하시기 위해서였다(신8:3). 성경을 문설주에 기록하여 두고 들어가며 나오며 그 말씀을 읽고 기억하라고 하셨다. 왕이 되면 성경을 필사하여 곁에 두고 평생 동안 읽으라고 하셨다(신17:19). 여호수아에게는 매일 작은 소리를 내어서 읽고 묵상하라고 하셨다(수1:7). 성경읽기를 이렇게 강조하시는 이유는 성경이 곧 우리 영혼의 양식이기 때문이다. 주님은 말씀을 통하여 하나님나라를 통치하시기 때문이다.

그런데 이스라엘 백성들이 성경읽기를 소홀히 한다. 말씀을 모르자 저마다 자기 소견에 옳은 대로 산다. 자기의 경험과 판단과 자기 지식을 의지해서 산다. 그 정도가 아주 심하다. 그 정도를 전쟁터로 향하여 달리는 말과 같다고 했다.

7절에서 주님이 이렇게 탄식하신다. 공중의 학은 그 정한 시기를 알고 산비둘기와 제비와 두루미는 그들이 올 때를 알고 지키지만 내 백성은 나의 규례를 모른다고 하셨다. 한마디로 새들보다 못하다는 의미이다. 아주 극단적으로 비교하고 있다. 이것은 이스라엘 백성들이 극도로 타락했다는 것을 의미한다.

9절에서 말씀을 버린 그들에게 내릴 벌을 말씀하신다. 스스로 지혜롭다고 하는 자들은 부끄러움을 당하며 두려워 떨다가 포로가 될 것이라고 하셨다. 그들의 아내를 타인에게 주겠고 그들의 밭을 그 차지할 자들에게 줄 것이라고 하셨다. 주님이 그들을 진멸할 것이라고 하셨다. 포도나무에 포도가 없을 것이며 무화과나무에 무화과가 없을 것이며 그 잎사귀가 마를 것이라고 하셨다. 경제적인 파탄이 있을 것을 예언하신다. 술법으로도 제어할 수 없는 뱀과 독사를 보내서 이스라엘 백성들을 물게 할 것이라고 하셨다.

32

하나님을 아는 지식이 성경에 있다

호세아 4:1-3

1 이스라엘 자손들아 여호와의 말씀을 들으라 여호와께서 이 땅 주민과 논쟁하시나니 이 땅에는 진실도 없고 인애도 없고 하나님을 아는 지식도 없고 2 오직 저주와 속임과 살인과 도둑질과 간음뿐이요 포악하여 피가 피를 뒤이음이라 3 그러므로 이 땅이 슬퍼하며 거기 사는 자와 들짐승과 공중에 나는 새가 다 쇠잔할 것이요 바다의 고기도 없어지리라.

호세아는 북왕국 이스라엘 여로보암 2세 때의 선지자다. 그는 타락한 북왕국 이스라엘 백성들을 향하여 예언한다. 그 시대의 모습을 이 땅에는 진실도 없고 인애도 없고 하나님을 아는 지식도 없다고 했다. 오직 저주와 속임과 살인과 도둑질과 간음뿐이라고 했다.

그 결과 "이 땅이 슬퍼하며 거기 사는 자와 들짐승과 공중에 나는 새가 다 쇠잔할 것이요 바다의 고기도 없어지리라." 고 했다. 그 땅에는 즐거움이 떠나고 고통과 한숨이 가득할 것이다. 인간 뿐 만 아니라 생물들과 바다의 고기까지도 없어질 것이라고 했다. 영적으로 육적으로 모두 모자라고 메마르게 될 것이라고 예언한다. 하나님의 나라의 특징은 기쁨과 즐거움과 의로움과 풍성함이다(롬14:17). 그러나 당시는 정 반대다. 온갖 모자람이 가득한 괴로운 세상이 되고 말았다. 말하자면 지옥 같은 모습이다.

6절에서는 그 이유를 이렇게 말씀하신다. "내 백성이 지식이 없으므로 망하는도다, 네가 지식을 버렸으니 나도 너를 버려 내 제사장이 되지 못하게 할 것이요, 네가 네 하나님의 율법을 잊었으니 나도 네 자녀들을 잊어버리리라." 지식이 없어서 망한다고 하셨다. 어떤 지식이냐 할 때? 하나님을 아는 지식이다. 다른 지식이 아니다. 삼위일체 하나님을 아는 지식이다. 우리를 창조하시고 구원하시고 인도하시는 그 주님에 대한 지식이 없다.

그러면 왜 지식이 없었을까? 이유는 간단하다. 성경을 읽지 않아서다. 성경을 공부하지 않아서다. 네가 지식을 버렸다고 하셨다. 성경을 팽개쳐 놓고 읽지 않았다. 관심을 갖지 않았다. 그러자 주님은 이렇게 말씀하신다. "나도 너를 버려 내 제사장이 되지 못하게 할 것이요 네가 네 하나님의 율법을 잊었으니 나도 네 자녀들을 잊어버리리라." 특별히 하나님이 그들의 자녀들을 잊어버리시겠다고 하셨다. 사실은 하나님이 잊어서가 아니다. 그들 스스로가 성경을 읽지 않고 자녀들에게 가르치지 않음으로 자녀들도 하나님을 모른다. 그 결과 잊어버린다.

사사시대 자녀들처럼 된다. "그 세대의 사람도 다 그 조상들에게로 돌아갔고 그 후에 일어난 다른 세대는 여호와를 알지 못하며 여호와께서 이스라엘을 위하여 행하신 일도 알지 못하였더라(삿2:10)."고 했다. 꼭 기억하자. 여호와에 대한 지식이 없으면 망한다. 자신만 망하는 것이 아니고 자식과 후손까지 망하게 한다.

호세아 6장 3절에서 우리가 여호와를 알자 힘써 여호와를 알자고 했다. 대충 대충이 아니다. 힘써 여호와를 알자고 역설하고 있다. 6절에서는 "나는 인애를 원하고 제사를 원치 아니하며 번제보다 하나님을 아는 것을 원하노라."고 하셨다. 그렇다. 주님을 아는 만큼 주님을 믿을 수 있다. 주님을 아는 만큼 주님을 따를 수 있다. 주님을 아는 만큼 전 할 수 있다.

성경을 잘 모르면 어리석은 질문을 한다. 바리새인들이 주님께 와서 질문한다. 칠 형제가 있었는데 맏형이 죽자 나머지 여섯 형제와 살았던 그 형수는 부활 때 어떻게 되느냐고 묻는다. 그러자 예수님께서 너희가 성경도 하나님의 능력도 알지 못해서 그런 질문을 한다고 말씀하셨다(마22:29).

안식 후 첫날 아직 어두울 때에 막달라 마리아가 무덤에 와서 돌이 무덤에서 옮겨진 것을 본다. 시몬 베드로와 예수께서 사랑하시던 그 다른 제자에게 달려가서 말한다. 사람들이 주님을 무덤에서 가져다가 어디 두었는지 우리가 알지 못한다고 했다. 베드로와 그 다른 제자가 나가서 무덤으로 간다. 둘이 같이 달음질하여 간다. 그 다른 제자가 베드로보다 더 빨리 달려가서 먼저 무덤에 이른다. 구부려 세마포 놓인 것을 보았다. 시몬 베드로는 따라와서 무덤에 들어가 본다. 그 때에야 무덤에 먼저 갔던 그 다른 제자도 들어가 보고 믿었다.

이런 모습을 본 요한은 그들의 모습을 요한복음 20장 9절에서 이렇게 설명한다. "그들은 성경에 그가 죽은 자 가운데서 다시 살아나야 하리라 하신 말씀을 아직 알지 못했다."고 했다. 성경을 몰랐기 때문에 헛걸음했고 헛수고 한 것이다.

지금도 그렇다. 성경을 모르면 헛수고를 많이 한다. 불필요한 노력을 하고 수고를 한다. 때로는 논쟁을 한다. 대표적인 경우가 이방인이 할례를 받는 문제다. 히브리파 유대인들은 이방인들이 구원을 받으려면 예수님을 믿어도 할례를 해야 한다고 했다(행15:1). 이 문제로 인해 예루살렘 공의회가 소집되었다. 이방인으로서 그리스도인 된 사람이 할례를 받아야 하느냐는 문제로 장시간 토론한다. 왜 이런 문제가 발생했느냐 할 때? 역시 성경을 잘 몰라서 그렇다. 하나님의 뜻을 바르게 이해하지 못해서 그렇다.

그 때 야고보 사도가 하나님의 말씀을 인용해서 정리한다. "선지자들의 말씀이 이와 일치하도다 기록된 바 이 후에 내가 돌아와서 다윗의 무너진 장막을 다시 지으며 또 그 허물어진 것을 다시 지어 일으키리니 이는 그 남은 사람들과 내 이름으로 일컬음을 받는 모든 이방인들로 주를 찾게 하려 함이라 하셨으니 즉 예로부터 이것을 알게 하시는 주의 말씀이라 함과 같으니라(행15:15-18)."고 했다. 야고보의 설명으로 결국 그 문제가 간단하게 해결되었다.

이런 본문을 참고 할 때 목회자들은 말씀을 많이 읽어서 많이 알아야 한다. 그렇게 해야 교회 안에 문제가 발생했을 때 말씀으로 바로 지도하고 처리 할 수 있다. 목회자가 말씀을 잘 몰라서 세상적인 방법으로 문제를 해결하려고 하면 교회는 더 혼란에 빠진다. 목회자 자신도 권위를 잃게 된다.

33

말씀의 기갈이 온다

아모스 8:11-13

11 주 여호와께서 가라사대 보라 날이 이를지라. 내가 기근을 땅에
보내리니 양식이 없어 주림이 아니며 물이 없어 갈함이 아니요 여
호와의 말씀을 듣지 못한 기갈이라 12 사람이 이 바다에서 저 바다
까지 북쪽에서 동쪽까지 비틀거리며 여호와의 말씀을 구하려고 돌
아다녀도 얻지 못하리니 13 그 날에 아름다운 처녀와 젊은 남자가
다 갈하여 쓰러지리라.

아모스는 남유다의 웃시야 왕과 북이스라엘의 여로보암 2세의 재위 기간 중에 활동했다. 특히 이 두 왕의 재위 기간 중에도 두 왕국의 번영이 절정에 이른 때에 북왕국에서 짧은 기간 동안 활동했다.

주님은 아모스를 통하여 가난한 자들을 짓밟는 사람들에게 세 가지를 경고하신다. 첫째 그들의 무절제한 탐욕을 규탄하신다. 두 번째는 형식적인 종교를 비판하신다. 세 번째는

영적인 기근이 있을 것이라고 예고하신다. 즉 주님이 영혼의 양식인 말씀을 주시지 않을 것이라고 하신다. 11절에서 그 결과를 이렇게 말한다. "내가 기근을 땅에 보내리니 양식이 없어 주림이 아니며 물이 없어 갈함이 아니요 여호와의 말씀을 듣지 못한 기갈이라." 말씀의 기근이 일어날 것이며, 영적인 목마름이 있을 것을 말씀하신다. 여호와의 말씀을 듣지 못하는 기갈이 있을 것을 예고하신다.

오늘날도 마찬가지이다. 우리가 말씀을 소홀히 하면 주님이 더 이상 말씀을 주시지 않는다. 물론 여러 가지 방법으로 설교를 들을 수가 있다. 그러나 성경을 읽지 않으면 하나님의 말씀을 바로 이해할 수 없다. 12절에서는 "사람이 이 바다에서 저 바다까지, 북쪽에서 동쪽까지 비틀거리며 여호와의 말씀을 구하려고 돌아다녀도 얻지 못할 것이라."고 했다. 이런 상황은 오늘 우리 시대에도 얼마든지 있을 수 있다. 성도에게 가장 무서운 일은 주님이 말씀을 주시지 않을 때이다.

말라기 선지자 이후 약 400여 년 동안 주님은 그의 백성들에게 말씀을 주시지 않았다. 그 결과 온갖 전통과 유전들이 등장했다. 생명력이 없는 전통과 유전들이 사람들을 힘들게 했다. 온갖 형식주의와 외식주의가 가득했다. 성도들을 종교의 노예로 만들었다. 그래서 예수님은 "수고하고 무거운 자들아 다 내게로 오라 내가 너희를 쉬게 하리라(마11:28)."고 하셨다. 여기 수고하고 무거운 짐은 바로 그릇된 전통과 유전이다.

기억하자. 말씀을 가까이 하지 않으면 주님이 말씀을 주시지 않는다. 그러면 온갖 율법과 전통과 규칙들이 범람한다. 결국 자신도 모르게 그것들의 노예가 된다. 이렇게 되는 것은 성도에게 가장 큰 재앙이다.

⚜

카버 박사는 미국의 흑인 과학자다. 수백 종의 농작물의 씨와 농작물에서 나오는 기름과 의약품들을 개발했다. 상원의원이 그를 치하하는 모임을 가졌을 때 사회자가 물었다. "어떻게 해서 그런 초인간적인 발명과 개발의 기록을 남길 수 있었습니까?" 커버는 손에 있던 성경을 높이 들며 말했다. "모든 조화는 여기에서 나왔습니다." 할렐루야!

34

천국은 말씀을 통하여 시작된다

마태복음 13:3-8

3 예수께서 비유로 여러 가지를 그들에게 말씀하여 이르시되 씨를
뿌리는 자가 뿌리러 나가서 4 뿌릴 새 더러는 길 가에 떨어지매 새
들이 와서 먹어버렸고 5 더러는 흙이 얕은 돌밭에 떨어지매 흙이
깊지 아니하므로 곧 싹이 나오나 6 해가 돋은 후에 타서 뿌리가 없
으므로 말랐고 7 더러는 가시떨기 위에 떨어지매 가시가 자라서 기
운을 막았고 8 더러는 좋은 땅에 떨어지매 어떤 것은 백 배, 어떤
것은 육십 배, 어떤 것은 삼십 배의 결실을 하였느니라.

마태복음 13장에는 천국에 대한 비유가 있다. 이 비유들은 모두 현재에 임한 천국의 특성을 설명한다. 그 중에서 첫 번째 비유가 씨 뿌림의 비유다. 여기서 씨는 무엇을 의미하느냐 할 때? 성경을 말한다. 누가복음 8장 11절에서 "이 비유는 이러하니라 씨는 하나님의 말씀이요."라고 했다. 그렇다. 주님의 말씀이 개인 개인의 마음 밭에 떨어져서, 그 말씀

을 통하여 예수님을 인격적으로 만난다. 성경을 통하여 하나님을 믿는다. 하나님의 통치가 시작된다. 그런데 주님은 여러가지 비유 중에서 이 비유를 가장 먼저 언급하신다. 천국은 말씀을 통하여 시작한다는 것을 교훈한다. 현재에 임한 하나님나라에서 말씀이 중요하다는 것을 의미한다.

구약에서도 마찬가지이다. 주님이 요단강을 건너기 전 모압 평지에서 이스라엘백성들에게 법을 주신다. 그 법은 가나안에 들어가서 실천해야 할 법이다. 신명기이다. 신명기는 일종의 시민법이라 할 수 있다. 그 법을 시작하면서 성경을 읽고 실천 할 것을 명령하신다. "오늘날 내가 네게 명하는 이 말씀을 너는 마음에 새기고, 네 자녀에게 부지런히 가르치며, 집에 앉았을 때에든지 길에 행할 때에든지 누웠을 때에든지 일어날 때에든지 이 말씀을 강론할 것이며, 너는 또 그것을 네 손목에 매어 기호를 삼으며 네 미간에 붙여 표를 삼고 또 네 집 문설주와 바깥문에 기록할지니라(신6:6-9)."고 하셨다.

주님이 만나를 주신 목적을 사람이 떡으로만 사는 것이 아니라 여호와의 입으로 나오는 모든 말씀으로 사는 줄을 알게 하기 위함이라고 하셨다(신8:3). 요단강을 건너서 가나안에 도착했을 때 제일 먼저 할 일은 돌비석에 율법을 기록하는 일이었다(신27:1-3). 이것은 무엇을 의미하는가? 하나님나라는 철저하게 성경을 기초로 하여 세워지고, 성경을 근거하여 운영된다는 것을 의미한다.

35

주의 말씀은 능력이 있다

누가복음 1:31-38

31 보라 네가 잉태하여 아들을 낳으리니 그 이름을 예수라 하라 32
그가 큰 자가 되고 지극히 높으신 이의 아들이라 일컬어질 것이요
주 하나님께서 그 조상 다윗의 왕위를 그에게 주시리니 33 영원히
야곱의 집을 왕으로 다스리실 것이며 그 나라가 무궁하리라 34 마
리아가 천사에게 말하되 나는 남자를 알지 못하니 어찌 이 일이 있
으리이까 35 천사가 대답하여 이르되 성령이 네게 임하시고 지극히
높으신 이의 능력이 너를 덮으시리니 이러므로 나실 바 거룩한 이
는 하나님의 아들이라 일컬어지리라 36 보라 네 친족 엘리사벳도
늙어서 아들을 배었느니라 본래 임신하지 못한다고 알려진 이가 이
미 여섯 달이 되었나니 37 대저 하나님의 모든 말씀은 능하지 못하
심이 없느니라 38 마리아가 이르되 주의 여종이오니 말씀대로 내게
이루어지이다 하매 천사가 떠나가니라. 45 주께서 하신 말씀이 반
드시 이루어지리라고 믿은 그 여자에게 복이 있도다.

나사렛에 살고 있는 마리아에게 가브리엘 천사가 나타났다. 마리아는 요셉과 정혼한 상태다. 정혼은 약혼과 비슷하다. 그러나 약혼보다는 법적인 구속력이 더 강하다. 파혼

을 하면 책임이 크고 중하다. 법적으로는 부부나 마찬가지인데 결혼식만 하지 않은 상태다. 천사가 마리아에게 수태하여 아들을 낳으면 그 이름을 예수로 하라고 했다. 저가 큰 자가 되고 지극히 높은 분의 아들이 될 것이라고 했다. 영원히 야곱의 집에 왕 노릇하실 것이며 그 나라가 무궁할 것이라고 했다. 예수라는 분이 이스라엘의 왕이 될 것이고, 그 나라는 영원할 것이라는 의미이다.

마리아가 깜짝 놀라 천사에게 이렇게 말한다. '나는 사내를 알지 못하니 어찌 이 일이 있을 수 있겠습니까? 결혼도 안한 처녀가 아이는 무슨 아이입니까?' 천사가 대답한다. '성령이 네게 임하시고 지극히 높으신 이의 능력이 너를 덮을 것이다. 아기가 날 것이다. 나시는 거룩한 자는 하나님의 아들이시다.'

예상하지 못했던 천사의 선포에 마리아도 고민이 되었을 것이다. 왜냐하면? 정혼을 한 상태에서 아이를 가진다는 것은 있을 수 없는 일이기 때문이다. 어떤 설명도 통하지 않는 일이다. 처녀가 아기를 가지면 돌에 맞아 죽는다. 그래도 마리아는 죽으면 죽으리라는 심정으로 순종한다. 주의 계집종이오니 말씀대로 되기를 원한다고 했다.

마리아는 처녀로서 아기를 잉태했다. 탈이 있었나? 돌을 맞았느냐? 아무 탈이 없었다. 탈이 없는 정도만 아니라 열국의 어미가 되었다. 메시야를 잉태한 복된 태가 되었다. 말씀이 그의 생명을 책임져주었다. 대저 능치 못하심이 없는 하나님의 모든 말씀이 그를 책임져 주었다. "주께서 하신 말씀이 반드시 이루어지리라고 믿은 그 여자에게 복이 있도다(눅 1:45)."라고 했다. 그렇다. 대저 하나님의 모든 말씀은 능치 못하심이 없다. 말씀을 따라 살면 반드시 복을 받는다.

36

주님이 말씀을 통하여 베드로를 부르신다

누가복음 5:1-11

1 무리가 몰려와서 하나님의 말씀을 들을 새 예수는 게네사렛 호숫
가에 서서 2 호숫가에 배 두 척이 있는 것을 보시니 어부들은 배에
서 나와서 그물을 씻는지라 3 예수께서 한 배에 오르시니 그 배는
시몬의 배라 육지에서 조금 떼기를 청하시고 앉으사 배에서 무리를
가르치시더니 4 말씀을 마치시고 시몬에게 이르시되 깊은 데로 가
서 그물을 내려 고기를 잡으라 5 시몬이 대답하여 이르되 선생님
우리들이 밤이 새도록 수고하였으되 잡은 것이 없지마는 말씀에 의
지하여 내가 그물을 내리리이다 하고 6 그렇게 하니 고기를 잡은
것이 심히 많아 그물이 찢어지는지라 7 이에 다른 배에 있는 동무
들에게 손짓하여 와서 도와 달라 하니 그들이 와서 두 배에 채우매
잠기게 되었더라 8 시몬 베드로가 이를 보고 예수의 무릎 아래에
엎드려 이르되 주여 나를 떠나소서 나는 죄인이로소이다 하니 9 이
는 자기 및 자기와 함께 있는 모든 사람이 고기 잡힌 것으로 말미
암아 놀라고 10 세베대의 아들로서 시몬의 동업자인 야고보와 요한
도 놀랐음이라 예수께서 시몬에게 이르시되 무서워하지 말라 이제
후로는 네가 사람을 취하리라 하시니 11 그들이 배들을 육지에 대고
모든 것을 버려두고 예수를 따르니라.

예수님께서 요단강에서 세례 요한에게 세례를 받으

신다(눅3:21-22). 물속으로 들어가는 침례다. 주님이 세례를 받으시는 것은, 모세가 그 백성들을 이끌고 홍해 속으로 들어가듯이 주님도 그 백성을 이끌고 무덤 속으로 들어가실 것을 의미한다. 죄 값을 치루기 위해서 지옥으로 들어가실 것을 보여 주기위해서다. 그리고 모세가 그 백성들을 이끌고 다시 홍해 속에서 나오듯이 주님도 그 백성들을 이끌고 생명으로 나오실 것을 보여준다. 자기에게 속한 모든 백성들을 죄에 대해서는 죽고, 의에 대해서는 살게 하기 위해서다.

그런데 바로 그 때 놀라운 현상이 나타났다. 물에서 올라오실 때 하늘이 열렸다. 하나님의 성령이 비둘기 같이 내려 예수님 위에 임하셨다. 하늘로서 소리가 있었다. "이는 내 사랑하는 아들이요 내 기뻐하는 자라(마3:17)."고 했다. 이 예식은 예수님이 그리스도로 취임하는 일종의 취임식과 같다. 예수라는 분이 그리스도로 임직하는 순간이다. 나사렛 예수라는 분이 제사장으로 선지자로 왕으로 취임하는 순간이다.

주님이 메시야로 취임하신 뒤 성령에게 이끌리어 광야에서 40일간 금식하신다(눅4:1-13). 마치 모세가 시내산에서 40일간 금식하듯이 주님이 금식하셨다. 40일이 되었을 때 시험하는 자가 주님께로 나아왔다. 이 시험하는 자는 어떤 자냐하면? 에덴동산에서 아담을 시험하여 넘어뜨린 자다. 그런데 주님이 사단아 물러가라고 하신다(마4:10). 주님이 단호하게 명령하신다. 마치 주인이 종에게 명령을 하듯이, 사령관이 부하에게 호령을 하듯이 호통 치신다. 주님이 바로 창세기 3장 15절을 성취하시는 장면이다. 여인의 후손이 너의 머리를 상하게 할 것이라고 했다. 머리를 상하게 한다는 말은 실제로 머리를 부순다는 의미가 아니다. 마귀가 더 이상 왕 노릇을 못하게 한다는 말이다. 세상을 통치하는 권세를 무력하게 한 것이다.

주님이 사단의 나라를 무너뜨리신 후 본격적으로 하나님 나라를 세우신다. 하나님나라의 기초가 되는 12사도를 선택하신다. 이스라엘에 12지파가 있었듯이 12명의 제자를 세우신다. 제일 먼저 부르시는 사람은 베드로다.

오늘 본문은 주님이 베드로를 부르시는 장면이다. 3절에 보면 먼저 주님이 말씀을 전하신다. 주님의 가장 중요한 사역은 말씀을 가르치시는 일이다. 본문 1절에도 주님이 말씀을 가르치셨다. 그러자 사람들이 몰려와서 주님의 말씀을 들었다. 얼마나 오래 동안 가르치셨는지는 잘 모른다. '말씀을 마치시고' 라고 한 것으로 보아 짧은 시간은 아니었던 것 같다.

말씀을 충분히 가르치시고 베드로에게 깊은 데로 가서 그물을 던지라고 하셨다. 베드로를 보자 금방 명령하신 것이 아니다. 말씀을 충분히 전하시고 명령하셨다. 베드로가 말씀으로 믿음이 충만해졌을 때 명령하신 것이다.

그렇다. 주님의 말씀을 많이 읽으면 마음이 뜨거워지고 영혼이 변화된다. 성령 충만해진다. 골로새서 3장 16절 이하에서 "그리스도의 말씀이 너희 속에 풍성히 거하여 시와 찬송과 신령한 노래를 부르며 감사하는 마음으로 하나님을 찬양할 것"이라고 했다. 성경을 많이 읽은 결과 성령이 충만히 임해서 하나님을 찬송한 것이다. 성경을 많이 읽으면 불신자는 거듭난다. 하나님을 모르고 부정하던 사람이 예수님을 믿는 기적이 일어난다.

루 월리스가 바로 그런 사람이다. 그는 미국의 남북 전쟁 당시 남군의 장군이었다. 성경을 부정하기 위해서 성경을 읽었다. 특히 많이 읽었다. 그러다가 거듭났다. 자신이 죄인이며 구원받아야 한다는 사실을 깨달았다. 영혼이 뜨거워졌다. '벤허' 라는 유명한 소설을 썼다.

우리 주변에 성경을 읽다가, 특히 많이 읽다가 병이 치료된 사람들이 많다. 각종 기적을 체험한 성도들도 있다. 매일 읽되 많이 읽자. 이슬비로는 가뭄을 해갈 할 수 없다. 장대비가 와야 한다. 메마른 우리 영혼을 은혜로 흠뻑 적시도록 성경을 많이 읽자.

⚜

조지 뮬러(1805-1898)는 독일사람이다. 영국에 선교사로 갔다. 영국에서 3천 명 이상의 고아를 양육했다. 어떻게 그런 엄청난 일을 할 수가 있었느냐고 물었다. 그의 대답이다. 나는 평생에 성경을 100회 통독했다. 한 번도 싫증이 난 일은 없었다. 읽을 때마다 새로웠고 읽을 때마다 힘을 얻고 희망을 얻었다. 처음 삼 년간은 성경을 읽지 않았다. 그 때 나는 신자로서의 기쁨도 사명감도 느끼지 못한 죽은 크리스천이었다. 그 삼 년간은 잃어버린 시간이었다.

흔히 사람들은 뮬러를 기도의 사람이라고 한다. 맞는 말이다. 오만 번 기도하여 모두 응답을 받은 기도의 사람이다. 그러나 그가 그렇게 지속적으로 기도 할 수 있도록 한 것은 성경이다. 성경을 읽고 영혼이 건강해지자 약속을 믿었다. 약속을 믿으니 지속적으로 기도할 수 있었고 모두 응답받을 수 있었다.〉

37

예수님의 말씀이 곧 예수님이시다

누가복음 7:1–10

1 예수께서 모든 말씀을 백성에게 들려주시기를 마치신 후에 가버나
움으로 들어가시니라 2 어떤 백부장의 사랑하는 종이 병들어 죽게
되었더니 3 예수의 소문을 듣고 유대인의 장로 몇 사람을 예수께 보
내어 오셔서 그 종을 구해 주시기를 청한지라 4 이에 그들이 예수께
나아와 간절히 구하여 이르되 이 일을 하시는 것이 이 사람에게는
합당하니이다 5 그가 우리 민족을 사랑하고 또한 우리를 위하여 회
당을 지었나이다 하니 6 예수께서 함께 가실 새 이에 그 집이 멀지
아니하여 백부장이 벗들을 보내어 이르되 주여 수고하시지 마옵소서
내 집에 들어오심을 나는 감당하지 못하겠나이다 7 그러므로 내가
주께 나아가기도 감당하지 못할 줄을 알았나이다. 말씀만 하사 내 하
인을 낫게 하소서 8 나도 남의 수하에 든 사람이요 내 아래에도 병
사가 있으니 이 더러 가라 하면 가고 저더러 오라 하면 오고 내 종
더러 이것을 하라 하면 하나이다 9 예수께서 들으시고 그를 놀랍게
여겨 돌이키사 따르는 무리에게 이르되 내가 너희에게 이르노니 이
스라엘 중에서도 이만한 믿음은 만나보지 못하였노라 하시더라 10
보내었던 사람들이 집으로 돌아가 보매 종이 이미 나아 있었더라.

어떤 백부장의 사랑하는 종이 병들어 죽게 되었다. 백부장이 유대인의 장로 몇 사람을 예수님께 보냈다. 그의 종

을 살려달라고 부탁했다. 그러자 예수님께서 장로들과 함께 백부장의 집으로 가신다. 백부장이 이 소식을 들었다. 벗들을 보내어 자기 집에 들어오심을 감당하지 못하겠다고 사양한다. 그냥 말씀만 해서 자기 하인을 낫게 해달라고 한다. 예수님께서 들으시고 그를 놀랍게 여기신다. 따르는 무리에게 이스라엘 중에서도 이만한 믿음은 만나보지 못하였다고 하신다. 사람들이 집으로 돌아가 보니 종이 이미 나아 있었다. 이 사건은 주님의 말씀이 곧 주님 자신이라는 것을 보여준다.

그렇다. 성경은 곧 주님의 말씀이다. 주님은 지금도 여전히 성도들에게 말씀하신다. 기록된 66권의 성경을 통하여 말씀하신다. 성도들이 기도할 때 이미 기록된 성경으로 응답하신다. 물론 특별한 방법으로 응답하실 때도 있다. 그러나 가장 기본적인 방법은 성경으로 응답하신다. 주님이 주신 그 말씀을 붙잡고 계속 기도하면 실제로 이루어진다. 주님의 뜻을 구할 때도 마찬가지이다. 성경을 통하여 뜻을 알려주시는 경우가 대부분이다. 무조건 주님의 음성을 들으려고만 하면 안 된다. 이런 행위는 기록되어 있는 주님의 말씀을 무시하는 것이다. 성경은 지금도 여전히 살아 있다. 주의 말씀은 살았고 운동력이 있다(히4:12). 여호와의 말씀은 능치 못함이 없다(눅1:37).

38

초대교회에 말씀이 먼저 있었다

사도행전 2:42-47

42 그들이 사도의 가르침을 받아 서로 교제하고 떡을 떼며 오로지
기도하기를 힘쓰니라 43 사람마다 두려워하는데 사도들로 말미암아
기사와 표적이 많이 나타나니 44 믿는 사람이 다 함께 있어 모든
물건을 서로 통용하고 45 또 재산과 소유를 팔아 각 사람의 필요를
따라 나눠 주며 46 날마다 마음을 같이하여 성전에 모이기를 힘쓰
고 집에서 떡을 떼며 기쁨과 순전한 마음으로 음식을 먹고 47 하나
님을 찬미하며 또 온 백성에게 칭송을 받으니 주께서 구원 받는 사
람을 날마다 더하게 하시니라.

성령님이 임하여서 초대교회를 세우셨다. 예루살렘 교회다. 성령님이 교회를 세우실 때 제일 먼저 하신 일이 무엇이냐 할 때? 사도들을 통하여 주님의 말씀을 가르치시는 일이다(행2:42). 다른 어떤 일을 먼저 하신 것이 아니다. 사도들을 통해 성경을 가르치게 하셨다.

그 결과 성도들이 은혜를 받았다. 주 안에서 성도들이 거룩한 교제를 한다. 믿는 사람이 다 함께 있어 모든 물건을 서로 통용한다. 재산과 소유를 팔아 각 사람의 필요를 따라 나눠 준다. 가장 어려운 물질문제가 극복된다. 날마다 모인다. 그것도 마음을 같이하여 모인다. 집에서 떡을 떼며 기쁨과 순전한 마음으로 음식을 먹는다. 하나님을 찬미한다. 그 결과 온 백성에게 칭송을 받는다. 주께서 구원 받는 사람을 날마다 더하게 하신다. 창세기 1장 31절이 성취되었다. 주님이 보시기에 심히 좋은 상태다. 이는 곧 계시록 22장에 있는 장차 들어갈 천국의 맛보기이다. 물론 성령님이 하신 일이다. 무엇으로 하셨느냐 할 때? 사도들에게 성경을 가르치게 하심으로 하셨다.

오늘날 성령운동의 문제가 뭐냐 할 때? 말씀을 소홀히 한다. 찬송과 기도만 지나치게 강조한다. 물론 가능하다. 찬양을 할 때, 뜨겁게 기도할 때, 금식으로 기도할 때, 회개할 때 성령님이 임하신다. 그러나 성경을 외면하면 신비주의자 혹은 은사주의자가 될 수도 있다. 성경은 읽지 않고 찬양과 기도만을 통해서 성령님을 체험하려고 하면 신앙의 균형을 잃고 불건전한 감정주의가 될 수 있다. 따라서 성령님을 사모할수록 성경을 많이 읽어야 한다.

성령님은 성경을 기록하신 분이다. 그런 성령님이 성경을 무시하고 일하시지 않는다. 반드시 자신이 기록한 성경을 바탕으로 일하신다. 성경의 원리를 따라 일하신다. 성령님이 기관차라고 하면 성경은 철로와 같다. 성경을 통하여 성령님을 체험하도록 하자.

39

성령님이 하시는 일은 말씀운동이다

사도행전 6:7, 12:24, 13:49, 19:20

하나님의 말씀이 점점 왕성하여 예루살렘에 있는 제자의 수가 더 심히 많아지고 허다한 제사장의 무리도 이 도에 복종하니라(6:7).

하나님의 말씀은 흥왕하여 더하더라(12:24).

주의 말씀이 그 지방에 두루 퍼지니라(13:49). 이와 같이 주의 말씀이 힘이 있어 흥왕하여 세력을 얻으니라(19:20).

이 네 구절은 표현은 조금씩 다르지만 의미는 같다. 즉 곳곳에서 말씀을 믿는 자가 많아지기 시작했다는 의미다. 누가 이 일을 했느냐 할 때? 바로 성령님이 이 일을 하셨다. 오순절에 강림하신 보혜사 성령님이 사도행전 1장 8절을 곳곳에서 이루시고 있다. 성령님이 사도들에게 능력을 주셔서 예루살렘과 온 유다와 사마리아와 땅 끝까지 그리스도의 증인이 되게 하신다.

그러면 성령님이 무엇을 통하여 이 약속을 이루시느냐 할 때? 성경을 통하여 이루신다. 사도들이나 전도자들이 말씀을 전할 때 성령님이 임하셔서 믿게 하셨다. 그렇다. 성령님의 사역은 그리스도의 말씀을 전파하시는 일이다. 성령님은 말씀을 통하여 일을 하셨다. 사람들에게 말씀을 통하여 예수님을 그리스도로 믿게 하셨다. 물론 다양한 기적과 표적이 있었다. 하지만 가장 핵심적인 내용은 성경이다. 그래서 성령님이 사역한 내용을 정리할 때 마다 말씀이 왕성하였다고 한다. 허다한 제사장의 무리가 바로 이 도에 복종했다고 한다.

사도행전은 곧 말씀행전이다. 성경이 전파된 역사다. 전도와 선교도 결국은 성경을 읽게 하고 가르치는 것이다. 성경을 가르칠 때 사람들이 거듭난다. 그 거듭난 사람들을 통하여 교회를 세운다. 교회 안에서 또 성경을 가르침으로 성숙한 그리스도인이 되도록 한다.

40

성경을 강해할 때 성령님이 임하신다

사도행전 10:44-46

44 베드로가 이 말을 할 때에 성령이 말씀 듣는 모든 사람에게 내려오시니 45 베드로와 함께 온 할례 받은 신자들이 이방인들에게도 성령 부어 주심으로 말미암아 놀라니 46 이는 방언을 말하며 하나님 높임을 들음이러라.

베드로가 고넬료 가정에 와서 말씀을 전할 때 성령님이 임하셨다. 성령님이 임하시는 중요한 원리를 가르쳐 준다. 즉 성경을 바르게 강해할 때 임하신다. 많은 사람들은 기도를 통해서, 찬송을 통해서만 임하시는 줄로 알고 있다. 그래서 성령님을 받기 위해서 뜨겁게 기도하고 열정적으로 찬양한다. 그럴 수도 있다. 그러나 반드시 그렇지만은 않다. 성령님이 기록한 성경을 열심히 읽고 배울 때도 임하신다. 성경을 암송하고 설교를 들을 때도 임하신다.

다른 잡신들은 주문을 외우거나 각종 노래나 춤을 출 때 임한다. 그래서 그들은 신을 부를 때 주문을 외우거나 열정적으로 북을 두드리거나 춤을 추기도 한다. 모든 종교에는 노래를 비롯하여 춤이 있다.

그러나 성령님은 다르다. 조용하게 말씀을 묵상할 때, 경건하게 예배할 때 임하신다. 성경을 읽고 설교를 들을 때 충만히 임하신다. 특히 사람들이 인위적으로 성령님을 임하시게 할 수 없다. 왜냐하면 성령님은 인격을 가지신 분이기 때문이다. 성령님은 자신의 계획과 뜻에 의하여 임하신다.

41

주의 말씀이 사도를 붙잡았다

사도행전 18:5, 11

5 실라와 디모데가 마게도냐로부터 내려오매 바울이 하나님의 말씀
에 붙잡혀 유대인들에게 예수는 그리스도라 밝히 증언하니, 11 일
년 육 개월을 머물며 그들 가운데서 하나님의 말씀을 가르치니라.

사도행전은 약속하신 성령님이 임하셔서 그리스도께서 하신 약속을 이루시는 역사다. 그래서 성령행전이라고 한다. 즉 성령님이 사도들을 통하여 하신 일의 기록이다. 그런데 오늘 본문에는 하나님의 말씀이 바울을 붙잡았다고 했다. 말씀에 붙잡힌 바울 사도는 유대인들에게 예수님이 그리스도라고 확실하게 증거한다. 이후에도 사도 바울은 말씀에 붙잡혀서 일 년 육 개월 동안 고린도에서 성경을 가르친다.

누가는 오늘 본문에서 성령님이 하신 일을 말씀이 했다고

표현한다. 이는 곧 같은 의미이다. 성령님이 사람들을 통하여 말씀을 기록하셨다. 말씀을 통하여 일 하신다. 말씀을 가르치게 하신다. 말씀을 기억나게 하신다. 즉 말씀이 바울을 붙잡았다는 것은 성령님이 바울을 붙잡았다는 의미다. 성령님이 하신 일을 이렇게 표현했을 뿐이다.

42

성경이 교회와 성도를 지킨다

사도행전 20:32

지금 내가 너희를 주와 그 말씀에 부탁하노니, 그 말씀이 너희를 능히 든든히 세우사 거룩하게 하심을 입은 모든 자 가운데 기업이 있게 하시리라

사도 바울이 밀레도에서 에베소교회의 장로들을 부른다. 예루살렘에서 체포될 것을 알고 에베소교회의 장로들에게 유언적인 말을 한다. 바울이 장로들과 에베소 교회 성도들을 주님과 '그 말씀' 에 부탁한다. 사도 바울은 주님과 이미 주신 말씀과 동일 시 하고 있다. 주님이 이미 주신 말씀을 통하여 에베소 교회를 든든히 세울 것이라는 의미이다.

바울 사도는 비슷한 내용의 말을 다시 한 번 반복한다. '그 말씀' 이 그들을 능히 든든히 세울 것이라고 한다. 거룩하게

하심을 입은 모든 자 가운데 기업이 있게 할 것임을 선언한다. 주님이라는 말은 생략하고 말씀만 언급한다. 말씀을 강조하고 있다. 말씀 역시 주님과 동일한 권능을 가지고 있음을 의미한다.

그렇다. 사도는 떠나고 없어도 이미 주어진 그 말씀은 여전히 존재한다. 성도들의 마음속에 남아 있다. 주님께서 그 말씀을 통하여 성도들을 세워주신다. 지켜주신다. 교훈하시고 책망하신다. 위로하고 힘을 주신다. 풀은 마르고 꽃은 시들지만 주의 말씀은 영영하다. 변함없다. 그 말씀이 성도들을 주님이 다시 오실 때 까지 지키며 보호한다.

43

성경은 믿음의 씨앗이다

로마서 10:17

그러므로 믿음은 들음에서 나며 들음은
그리스도의 말씀으로 말미암았느니라.

믿음의 원리가 있다. 먼저 지식이 필요하다. 어떤 대상에 대한 지식을 가지면 믿음이 생긴다. 처음 보는 사람은 믿을 수 없다. 이유가 무엇인가? 잘 모르기 때문이다. 그러나 그 사람에 대해 설명을 듣고 나면 믿는다. 왜 믿느냐 할 때? 설명을 들어서 그 사람을 알았기 때문이다.

주님을 믿는 원리도 마찬가지이다. 주님을 믿으려면 먼저 주님이 어떤 분인지 알아야한다. 어떻게 아느냐 할 때? 성경을 읽으므로 안다. 오늘 본문에서는 믿음은 들음에서 난다고 했다. 들음은 곧 읽음이라고 해도 된다. 과거에는 개인 개인에게 성경이 없었다. 그래서 설교자가 성경을 읽어 주었다. 성경을 읽어 줄 때 듣고 믿었다.

성경을 통하여 계속 주님을 알아 가면 자연스럽게 주님을 믿게 된다. 믿음은 자신의 결심과 믿겠다는 각오로만 되지 않는다. 성경을 통하여 하나님을 알아 갈 때 믿음이 자란다. 상대방을 알면 상대방을 믿게 되는 원리와 같다.

믿음의 성장은 가치관의 변화라고 말할 수 있다. 말하자면 생각의 변화다. 세속적인 생각이 성경적으로 변화는 것이다. 인간적이고 이기적인 생각이 주님 중심으로 변화는 것이다. 생각의 변화가 무엇으로 가능할까? 가치관의 변화가 어떻게 가능할까? 성경을 통해서 가능하다.

교회에서 성도들을 부를 때 형제자매라고 한다. 성도들을 우리의 지체라고 부른다. 일종의 가치관의 변화다. 어떻게 그렇게 변화되었느냐 할 때? 성경을 읽고 공부함으로 되었다. 성경을 통하여 가치관이 변한 것이다.

44

성경은 진리의 띠, 성령의 검이다

에베소서 6:10-17

10 끝으로 너희가 주 안에서와 그 힘의 능력으로 강건하여지고 11
마귀의 간계를 능히 대적하기 위하여 하나님의 전신 갑주를 입으라
12 우리의 씨름은 혈과 육을 상대하는 것이 아니요 통치자들과 권
세 자들 이 어둠의 세상 주관자들과 하늘에 있는 악의 영들을 상대
함이라 13 그러므로 하나님의 전신 갑주를 취하라 이는 악한 날에
너희가 능히 대적하고 모든 일을 행한 후에 서기 위함이라 14 그런
즉 서서 진리로 너희 허리띠를 띠고 의의 호심경을 붙이고 15 평안
의 복음이 준비한 것으로 신을 신고 16 모든 것 위에 믿음의 방패
를 가지고 이로써 능히 악한 자의 모든 불화살을 소멸하고 17 구원
의 투구와 성령의 검 곧 하나님의 말씀을 가지라.

사도바울은 에베소 성도들에게 전신갑주를 취하라고 했다. 이 모습은 당시 로마 군인들이 무장한 상태다. 상대 군인들이 이 모습만 봐도 도망갈 정도로 완벽하다. 바울은 이를 본 따서 에베소 성도들도 이와 같이 여섯 가지를 준비하라

고 한다. 그런데 그 중에 두 가지가 성경이다.

진리로 너희 허리띠를 띠라고 했다. 진리를 허리띠에 비유했다. 여기서 진리는 성경을 말한다. 허리띠는 옷을 붙잡기도 하지만 몸가짐을 단정하게 한다. 즉 성경을 읽고 묵상할 때 생각이 바르게 된다. 행동과 생활이 단정해진다. 제일 먼저 진리로 즉 성경으로 무장하라는 사실도 기억하자.

성령의 검 곧 하나님의 말씀을 가지라고 했다. 전신 갑주 중에서 유일한 공격용 무기는 '성령의 검' 이다. '성령의 검'은 하나님의 말씀이다. 다른 장비는 모두 방어용이다. 하지만 검은 공격용 이다. 성경이 바로 검이다. 공격용 무기인 검이다. 이단을 물리치는 검이다. 온갖 세상의 철학과 이론들을 무찌르는 검이다. 수비를 아무리 잘해도 공격을 못하면 이길 수 없다. 평소에 성경을 많이 읽고 공부하여 좌우에 날선 검을 준비하자.

⚜

이모전도사는 대구의 모교회 담임이다. 1945년생이다. 해방둥이인 셈이다. 삼남매와 병약한 남편으로 인해 가정을 꾸려야

했다. 삼남매를 깜장 눈으로 만들지 않아야겠다는 생각으로 하루 세 시간 잠을 자고 공장에서 일을 했다. 아침 일곱 시에 출근을 한다. 오후 8시가 퇴근이지만 몇 푼이라도 더 벌려고 밤 12시 까지 잔업을 한다. 퇴근하여 빨래며 집안일을 정리하고 나면 새벽 한 두시가 넘는다. 이런 생활을 반복하다 보니 너무 힘들었다. 사는 것 자체가 저주였다. 남편 모르게 생을 마감하려고 독약을 세 번이나 마셨다. 주님의 섭리가 있었던지 번번이 실패했다.

45살 늦은 나이에 주님을 만났다. 수고하고 무거운 짐을 저주시는 주님을 만나고 삶의 의미를 찾았다. 그 때부터 열심히 교회를 다녔다. 성경을 사고 싶었지만 성경 한 권 값이 이틀분 품삯이다. 성경도 없이 빈손으로 1년을 그냥 다녔다. 있다고 해도 읽을 시간도 없었고 의미도 몰랐다.

얼마 후 먼저 믿은 질부가 성경 안에 진리가 있고 예수님이 계신다고 했다. 성경을 통하여 예수님을 만나라고 했다. 예수님을 만나고 싶은 마음에서 큰마음을 먹고 성경을 샀다. 읽어보지만 여전히 까만 것은 글이고 흰 것은 종이었다. 그래도 성경 안에 예수님이 계신다고해서 뜻을 알든지 모르던지 성경을 읽으려고 애를 썼다. 잠자리에 들기 전에 조금씩 읽었다. 아침에 일어나서 조금 읽었다. 그러던 어느 순간 성경이 믿어지고 조금씩 깨달아지기 시작했다.

성경을 통하여 예수님을 인격적으로 만나고 나니 너무 너무 기뻤다. 죽으려고 했던 자신이 어리석게 느껴졌다. 믿지 않는 자들이 너무 불쌍하게 생각되었다. 전도에 불이 붙기 시작했다. 기회만 있으면 이웃들에게 복음을 전했다. 자녀들은 말할 것도 없고 직장 동료들에게 복음을 전했다. 무식하면 용감하다고 담대하게 복음을 전했다. 띠를 두르고 나가기도 하고 전도지를 나눠주기도 하고 미친 듯이 복음을 전했다.

복음을 전하다 보니 많은 사람들이 믿고 따르기 시작했다. 한 가정은 기필코 자기와 같이 예배드리고 기도하고 싶다고 해서 집에 모여 기도하기 시작했다. 한 가정 두 가정 모이다가 자연히 기도소 같이 되었다. 평신도가 가정에서 기도회를 하자 담임목사를 비롯하여 주위 목회자들의 반대가 거세게 일어났다. 그 반대가 너무 무서웠다. 그만 둘 수도 없고 계속 할 수도 없는 진퇴양난이었다.

결국 주위 분들의 권유로 신학을 하게 되었고 어렵사리 교회를 개척했다. 정말 아무 것도 모르고 교회를 개척했다. 교회를 개척 한 뒤에도 성경 읽기는 변함이 없다. 성경 속에 예수님이 계신다는 말을 성도들에게도 강조한다. 부모님의 마음을 알아야 효도를 바르게 하듯, 성경을 통하여 주님의 마음을 바로 알아야 주님을 바로 섬길 수 있다고 가르치며 열심히 성경을 읽도록 한다.

예배 때 마다 예배 전 후로 성경을 읽는다. 전 후 반기에 한 차례씩 모든 성도가 성경고사를 치른다. 비록 많지 않은 성도이지만 맹렬하게 성경을 읽고 성경을 통하여 주님의 마음을 알아가고 있다.〉

45

말씀 충만은 곧 성령 충만이다

골로새서 3:16-17

16 그리스도의 말씀이 너희 속에 풍성히 거하여 모든 지혜로 피차
가르치며 권면하고 시와 찬송과 신령한 노래를 부르며 감사하는 마
음으로 하나님을 찬양하고 17 또 무엇을 하든지 말에나 일에나 다
주 예수의 이름으로 하고 그를 힘입어 하나님 아버지께 감사하라.

에베소서 5:18-21

18 술 취하지 말라 이는 방탕한 것이니 오직 성령으로 충만함을 받
으라 19 시와 찬송과 신령한 노래들로 서로 화답하며 너희 마음으
로 주께 노래하며 찬송하며 20 범사에 우리 주 예수 그리스도의 이
름으로 항상 아버지 하나님께 감사하며 21 그리스도를 경외함으로
피차 복종하라.

골로새서 3장 16절에서 그리스도의 말씀은 예수님께서 가르치신 교훈을 말한다. 즉 성경이다. 성경이 성도들 속에 풍성히 거하면 지혜로 피차 가르칠 수 있다. 영적 지식을 서로 나눈다. 피차 권면하여 선한 행동을 할 수 있도록 한다. 시와 찬미와 신령한 노래를 부른다. 시는 구약의 시편들

을 의미한다. 찬미는 목소리로 부르는 성가다. 신령한 노래는 시와 찬미를 총괄하는 명칭이다. 마음에 감사함으로 하나님을 찬양한다.

이와 같은 모습은 성령님이 충만히 임하셨을 때와 같은 모습이다(엡5:18). 다시 말해 말씀이 우리 영혼에 충만할 때와 성령님이 충만히 임하실 때와 그 결과는 같다. 그러므로 매일 매일 성경을 많이 읽으면 성령님이 충만히 임하신다. 임하여서 우리에게 능력을 주신다. 그 말씀으로 우리를 변화시키시고 새롭게 하신다. 사랑과 희락 화평 오래 참음과 자비 양선 충성 온유 절제 등의 성령님의 성품이 나타난다. 그리스도 예수님의 장성한 분량까지 자라가게 하신다.

46

말씀으로 거룩해 진다

디모데전서 4:1-5

1 그러나 성령이 밝히 말씀하시기를 후일에 어떤 사람들이 믿음에
서 떠나 미혹하는 영과 귀신의 가르침을 따르리라 하셨으니 2 자기
양심이 화인을 맞아서 외식함으로 거짓말하는 자들이라 3 혼인을
금하고 어떤 음식물은 먹지 말라고 할 터이나 음식물은 하나님이
지으신 바니 믿는 자들과 진리를 아는 자들이 감사함으로 받을 것
이니라 4 하나님께서 지으신 모든 것이 선하매 감사함으로 받으면
버릴 것이 없나니 5 하나님의 말씀과 기도로 거룩하여짐이라.

초대 교회의 이단들은 혼인을 금하고 식물을 폐하라고 했다. 이들은 물질은 악하고 영혼은 선한 것이며, 육적인 것은 악에 물들게 하는 것이라고 했다. 혼인을 금하는 풍습은 에세네파에서 시작되었다. 영지주의자들 역시 육체적인 쾌락을 죄로 규정하였다. 성결하기 위해서는 식물이나 결혼생활 등을 금해야 된다고 했다.

그러나 식물은 하나님이 지으신 것이다. 선과 악에 속하지 않는 중립적이다. 사람이 어떻게 사용하느냐에 따라 선과 악이 결정된다. 결혼은 하나님께서 인간을 위해 특별히 만드신 제도이다. 하나님께서 창조하신 것이 보시기에 심히 좋았더라고 했다(창1:31). 그러므로 3절에서 이런 진리를 아는 자들은 감사함으로 받을 수 있다고 했다.

그러나 성경을 모르는 자들은 불안해한다. 하나님께서 만드신 만물들을 감사함으로 받아들이면 하나도 버릴 것이 없다. 4절에서 이 사실을 다시 반복한다. 그렇다. 하나님의 지으신 모든 것이 선하다. 감사함으로 받으면 버릴 것이 없다.

5절에서 하나님의 말씀과 기도로 거룩하여진다고 했다. 금욕적인 행위로가 아니라 말씀으로 거룩하여진다고 했다. 이미 주신 성경을 통해서다. 성경적인 가치관을 가지고 세상 사람들과 다르게 사는 것이다. 그것은 음식을 먹고 안 먹고의 문제가 아니다. 거룩한 삶은 성경을 많이 읽고 성경적인 사고를 하고 성경적인 가치관을 가지고 생활을 할 때 가능하다. 이러한 생활이 바로 거룩이고 성결이다. 세상 사람들과 구별된 삶이다. 따라서 매일 매일 성경을 읽고 묵상하여 그 말씀 따라 살아야 한다.

47

사도의 간절한 부탁은 성경읽기다

디모데전서 4:13

내가 이를 때까지 읽는 것과 권하는 것과 가르치는 것에 착념하라.

착념하라는 말이 디모데 전서에 세 번 기록되어 있다. 1:4, 4:13, 6:3절이다. 착념은 생각을 집중하라는 의미다. 바울은 디모데에게 세 가지를 착념하라고 한다. 가장 먼저는 말씀을 읽는 것에 착념하라고 했다. 두 번째는 말씀대로 살도록 권하는 것에 착념하라고 했다. 세 번째는 말씀을 가르치는 것에 착념하라고 한다. 착념할 내용은 모두 성경에 관한 것이다.

바울은 디모데에게 특별한 것을 요구하지 않았다. 먼저 성경을 읽으라고 한다. 왜냐하면 사역자 자신이 주님의 말씀을 읽고 영혼이 건강해야 하기 때문이다. 사역자는 다른 사람을 가르치기 전에 먼저 자신을 말씀으로 든든히 세워야한다. 특히 사역자는 말씀을 가르치는 자이다. 말씀을 가르치는 자는 성경을 많이 알아야 한다. 바울의 이러한 권면을 통하여 신앙생활에 있어 성경이 얼마나 중요한지를 다시 한 번 깨닫는다.

디모데전서 6장 3절 이하에서는 경고한다. 우리 주 예수 그리스도의 말씀과 경건에 관한 교훈에 착념치 아니하면, 저는 교만하여 아무 것도 알지 못할 것이라고 했다. 변론과 언쟁을 좋아하는 자가 될 것이며, 투기와 분쟁과 훼방과 악한 생각이 날 것이라고 했다. 마음이 부패해질 것이며, 결국은 진리를 잃어버릴 뿐 아니라, 경건을 추악한 이익의 재료로 생각하는 자들처럼 다툼이 일어날 것이라고 했다.

무서운 경고다. 그리스도인이라고 할지라도 성경에 착념하지 않으면 영적인 상태가 이방인들과 비슷하게 된다. 성경읽기를 소홀히 하는 우리들의 생활 속에서도 가끔씩 경험하는 모습이다. 성경읽기에 착념해야 한다. 거룩하고 신실한 삶을 위해서, 그리스도와 동행하는 생활을 위해 반드시 성경을 읽어야 한다. 이 길 만이 살 길이다.

48

성경으로 인격을 다듬고 고친다

디모데후서 3:16-17

16 모든 성경은 하나님의 감동으로 된 것으로 교훈과 책망과 바르
게 함과 의로 교육하기에 유익하니 17 이는 하나님의 사람으로 온
전케 하며 모든 선한 일을 행하기에 온전케 하려 함이니라.

오늘 본문에서는 모든 성경은 하나님의 감동으로 되었다고 한다. 성령님이 사도들의 지 정 의 즉 전인격을 감화해서 기록했다는 의미이다. 베드로 사도는 예언은 언제든지 사람의 뜻으로 낸 것이 아니라 오직 성령의 감동을 입은 사람들이 받아 말한 것이라고 했다(벧후1:21). 마태복음 22장 43절에서는 다윗이 성령에 감동되어 그리스도를 주라고 말한다고 했다.

16절에서는 성경이 하는 일을 네 가지 소개한다. 성도들에게 교훈 한다. 잘못 할 때 책망한다. 꾸짖고 나무란다. 주일을

안 지키면 4계명을 통하여 안식일을 기억하여 거룩히 지키라고 한다. 남의 물건을 훔치면 8계명으로 도적질하지 말라고 책망한다. 혹 우리가 거짓말을 하면 9계명으로 거짓증거하지 말라고 꾸짖는다. 바르게 한다. 의로 교육한다. 하나님의 진리로 교육한다.

그렇다. 성경이 우리의 선생님이 되어준다. 훌륭한 교사가 되어준다. 거듭난 사람이 예수 그리스도의 인격을 닮아 가도록 지도한다. 교훈하고 가르친다. 때로는 회초리 역할도 한다. 그러나 우리가 낙심하지 않도록 지혜롭게 책망한다. 스스로 잘못을 회개하도록 지도해 준다.

성경은 그 자체가 훌륭한 선생님이다. 영원히 변함없는 교사이다. 그래서 성경을 성실히 읽으면 인격이 변한다. 매일매일 성경을 읽으면 우리의 성품이 예수 그리스도의 성품을 닮는다. 성령의 열매가 맺힌다. 성경을 성실하게 읽어보시라. 당신의 인격과 성품이 반드시 변할 것이다.

49

성경은 인간을 거듭나게 한다

베드로전서 1:23

너희가 거듭난 것이 썩어질 씨로 된 것이 아니요 썩지 아니할 씨로 된 것이니 하나님의 살아 있고 항상 있는 말씀으로 되었느니라.

거듭난다는 말의 의미는? 다시 한 번 더 태어난다, 두 번 태어난다는 의미이다. 중생이라고 한다. born again이다. 이 말의 기원은 요한복음 3장 3절이다. "진실로진실로 너희에게 이르노니 사람이 거듭나지 않으면 하나님의 나라를 볼 수 없느니라."

거듭난다는 말은? 예수님을 믿는 것을 사람의 출생하는 원리로 설명한 것이다. 육신의 어머니로부터 출생할 때 생명을 받는다. 첫 출생이다. 하나님으로부터 또 한 번 출생할 때 영적인 생명을 얻는다. 하나님을 인격적으로 만나서 예수님을 믿는 것을 말한다. 이것을 다시 태어난다고 표현했다.

어떻게 거듭나느냐 할 때? 썩지 않는 씨로서 거듭난다고 했다. 그러면 그 씨가 무엇이냐? 여기 두 가지 성격의 씨가 나온다. 하나는 썩어질 씨다. 또 다른 하나는 썩지 아니할 씨다. 썩어질 씨는 일반 도덕 철학 종교 등을 말한다. 썩지 아니할 씨는 바로 성경이다. 성경을 통하여 거듭난다는 말이다. 거듭난다는 말은 주님을 인격적으로 지식적으로 아는 것을 말한다.

주님을 아는 것이 영생이라고 했다(요17:3). 여기 안다는 말은 단순히 지식적으로 만이 아니다. 인격적으로 체험하고 교제하는 것을 포함한다. 그러나 반드시 지식적인 것을 전제로 한다. 그러면 무엇을 통하여 주님을 아느냐? 가장 기본적인 방법은 역시 성경을 읽고 듣고 배우는 것이다. 성경을 통하여 예수 그리스도를 지식적으로 먼저 아는 것이다. 그리고 성령의 감동을 통하여 인격적으로 체험하는 것이다.

50

성경은 영혼의 양식이다

베드로전서 2:1-3

1 그러므로 모든 악독과 모든 궤휼과 외식과 시기와 모든 비방하는
말을 버리고 2 갓난 아이 같이 순전하고 신령한 젖을 사모하라. 이
는 이로 말미암아 너희로 구원에 이르도록 자라게 하려 함이라 3
너희가 주의 인자하심을 맛보았으면 그리하라.

신령한 젖은 엄마의 젖에 비유하는 표현이다. 영적인 젖이라는 뜻이다. 성경을 의미한다. 신령한 젖을 어떻게 하라고 했느냐? 사모하라고 했다. 성경을 사랑하고 읽기를 즐겨하고 공부하고 암송하여 주야로 묵상하라는 의미이다. 이유는 간단하다. 너희로 구원에 이르도록 자라게 하려 함이라고 했다. 성숙한 인격의 사람이 되도록 하라는 의미이다. 믿는 것과 아는 것에 하나가 되어 그리스도의 장성한 분량에까지 자라가도록 하기 위해서다(엡4:13). 믿음에 덕을 덕에 지

식을 지식에 절제를 절제에 인내를 인내에 경건을 경건에 형제 우애를 더 하기 위해서다(벧후1:5-7). 범사에 그리스도에게까지 자라가기 위해서다(엡4:15).

51

성경은 전인격을 치료한다

히브리서 4:12

하나님의 말씀은 살았고 운동력이 있어 좌우에 날선 어떤 검보다도 예리하여 혼과 영과 및 관절과 골수를 찔러 쪼개기까지 하며 또 마음의 생각과 뜻을 감찰하나니

성경은 살아있는 책이다. 생명력이 있는 책이다. 운동력이 있다. 좌우에 날선 어떤 검보다도 예리하다. 인간을 변화시키는 능력이 있다. 시대를 초월하여 죄인들을 회개하게 한다. 온갖 질병을 치료하는 능력이 있다. 성경을 열심히 읽으면 많은 육체의 병이 치료된다. 의사가 치료할 수 없는 병도 성경을 읽으면 치료된다. 마음의 병이 치료된다. 지나친 연민, 열등감 우월감 우울증 등은 약으로 치료하기 힘들다. 주를 믿지 않는 불신앙, 우상숭배, 가위눌림 등등의 영적인 병도 치료된다. 특히 원인도 없이 아픈 병들이 치료된다. 마음의 생각과 뜻을 감찰한다. 이것이 성경의 특징이다.

주님이 크게 두 가지 방법으로 병을 치료하신다. 의사나 약을 통하여 고치신다. 따라서 약을 먹는 것이나 병원에 가서 의사의 도움을 받는 행위를 부정해서는 안 된다. 의술 역시 주님이 만드신 자연 법이다. 약을 먹고 병원 가는 것을 인간적인 방법이라고 하면 안 된다. 믿음으로 하면 버릴 것이 없다. 두 번째는 말씀으로 치료하신다. 특히 정신적인 질환이나 영적인 병들은 성경을 읽으면 치료된다. 성경을 읽으면 먼저 믿음이 생긴다. 믿음이 생기면 갖가지 정신적인 문제들이 해결된다. 영혼이 건강해지며 육체도 점점 회복된다.

요한삼서 2절에서 사도 요한은 생활의 중요한 원리를 말했다. "사랑하는 자여 네 영혼이 잘됨 같이 네가 범사에 잘되고 강건하기를 네가 간구하노라."고 했다. 그렇다. 말씀을 꾸준히 읽고 실천하면 병이 잘 안 난다. 항상 건강하게 살 수 있다. 주야로 묵상하는 자는 반드시 영혼이 잘되는 복을 받는다. 범사에 지혜를 얻어 생활함으로 형통할 것이다. 육체도 건강할 것이다. 그러므로 평소에 말씀을 사랑하고 가까이 하자.

이모 선교사는 심양에서 호텔사업을 크게 했다. 밤새 근육 무기력증에 걸렸다. 아침에 일어나니 손가락 하나 까닥 할 수 없었다. 치료하기 위해 전국 방방곡곡을 다녔다. 백약이 무효였다. 할 수 없어 모든 사업을 정리하고 시골 고향으로 갔다.

아내가 먼저 교회에 갔다. 남편을 간호하다 아내의 심령이 피폐해졌다. 아내가 먼저 은혜를 받고 주님을 믿었다. 주위 분들의 강요에 못 이겨 휠체어를 타고 교회에 갔다. 주님을 믿었다. 아내가 성경을 넘겨주어서 성경을 읽었다. 3년 동안 신약을 400독 했다. 구약을 100독 했다. 건강이 점점 회복되었다. 그 후에 신학을 했다. 지금은 건강한 몸으로 서부 지역에 나가 선교하고 있다.

52

말세에 열심히 할 일은 성경읽기다

요한계시록 1:3

이 예언의 말씀을 읽는 자와 듣는 자들과 그 가운데 기록한 것을 지키는 자들이 복이 있나니 때가 가까움이라.

주님이 사도요한을 통해 종말에 해야 할 중요한 일을 말씀하신다. 예언의 말씀을 읽는 것이다. 예언의 말씀을 듣는 것이다. 일차적으로는 계시록을 의미한다. 하지만 이 원리는 모든 성경에 적용된다. 성경을 읽는 자들과 듣는 자들에게 복이 있다고 하셨다. 읽는 자와 듣는 자는 같은 의미이다. 강조하시고 있다. 특히 이렇게 복이 있다고 분명하게 선언하시는 경우가 드물다. 때가 가까울수록 해야 될 일이라고 하신다.

그렇다. 마지막 때 우선적으로 해야 할 일은 성경을 읽고 듣는 것이다. 마귀가 우는 사자처럼 삼킬 자를 찾아 두루 다니고 있다. 세속 문화가 파도처럼 교회 안으로 몰려들어 오고 있다. 하나님을 대적하는 온갖 사상들이 일어나고 있다. 무엇으로 이것들을 이길 수 있을까? 좌우에 날선 검보다 더 예리한 주의 말씀 밖에 없다. 그래서 주님은 때가 가까워 올수록 예언의 말씀을 읽으라고 하신다.

사도 바울은 에베소 장로들에게 비록 자신이 없다고 할지라도 염려하지 말라고 했다. 주의 말씀이 그들을 지켜줄 것이라고 했다(행20:32). 자기가 에베소에 갈 때까지 성경을 읽는 것과 권하는 것과 가르치는 것에 전념하라고 했다(딤전4:3). 사도들의 한결 같은 부탁은 성경을 부지런히 읽으라고 한다. 주의 말씀을 가까이 하라고 한다.

스스로 한번 점검해보자. 나는 얼마나 성경을 열심히 읽고 있는지. 주님이 이렇게 성경을 읽으라고 강조하시고 있는데 과연 나는 얼마나 성실하게 성경을 읽고 있는지를 점검해보자.

53

성경을 쉽게 읽는 방법

성경을 어떻게 읽을 것인가 하는 문제도 중요하다. 초신자들에게는 정말 난감한 일이다. 1,750페이지가 넘는 두꺼운 성경을 읽는다는 것은 웬만한 믿음이 없이는 힘들다. 그래서 먼저 성경 읽는 부담을 최소화 하면서 읽도록 해야 한다.

신약성경부터 먼저 읽는 것이 좋다. 신약성경은 구약성경보다 우선 분량이 많지 않다. 신약성경을 읽을 때도 내용이 비교적 쉬운 복음서를 먼저 읽는 것이 좋다. 복음서도 네 권의 복음서를 한 번에 다 읽지 말고 한 권을 여러 번 읽는 것이 좋다. 한 권을 완전히 이해하면 다른 복음서는 쉽게 이해된다.

요한복음을 먼저 읽는 것도 좋은 방법이다. 요한복음은 다른 복음서에 비해 내용이 쉽다. 예수님이 어떤 분인지를 소개한다. 마태복음은 구약을 많이 인용하기 때문에 내용이 약간 어렵다.

신약성경을 쉽게 일독하는 방법이다. 공관복음서 즉 마태복음 마가복음 누가복음 중에서 한 권을 먼저 읽는다. 복음서를 세 권 다 읽으려면 분량이 너무 많다. 시간도 오래 걸린다. 그래서 우선 한 권을 먼저 읽는다. 다음은 요한복음을 읽는다. 요한복음은 세권의 공관복음서와는 내용이 좀 다르다. 그 다음은 사도행전 로마서 순으로 읽어 나가면 된다. 이렇게 읽으면 우선 부담이 크게 되지 않는다. 쉽게 신약을 일독 할 수 있다. 일독을 하면 일단 성경읽기에 자신감이 생긴다. 신약성경의 내용을 대략 파악할 수 있다. 성경을 읽는 것이 습관이 된다.

구약성경은 먼저 역사서 중심으로 읽는다. 역사서는 하나님이 타락한 인간을 구원하시는 과정을 기록하고 있다. 그 과정이 이스라엘 국가와 관련이 있다. 따라서 거의 대부분이 이스라엘의 역사다. 구약성경의 전체적인 주제는 창조 타락 구속이다.

주님이 세상을 창조하셨다. 자신의 형상대로 인간을 만드셨다. 그 인간에게 세상을 다스리게 하셨다. 그러나 인간이 죄를 범하고 하나님을 떠남으로 타락하고 말았다. 하나님과 관계가 깨어졌다. 정녕 죽으리라고 한 것처럼 영혼이 죽었다(창2:17). 하나님과의 교제가 깨어진 것이다. 자연도 이 죄로 인하여 신음하고 고통스러워한다. 그러자 하나님은 세상을 구원할 계획을 준비하셨다. 그 계획이 창세기 3장 15절의 내용이다. 여인의 후손을 보내서 마귀의 머리를 상하게 하고 죄인들을 구원하는 내용이다.

죄를 범한 인간은 계속 죄의 유혹을 받으며 산다. 세상에 죄가 충만해진다. 보시기에 심히 좋았던 그 하나님나라의 모습은 온데 간 데 없다. 죄만 가득한 세상이 되고 말았다. 그러자 하나님이 세상을 심판하신다. 그런 와중에서도 노아의 가정은 구원하신다. 노아의 가정을 통하여 하나님나라를 다시 시작하기 위해서다(창9:1-2). 하지만 인간은 또 타락한다.

하나님은 또 다시 시작하신다. 아브라함과 더불어 언약을 맺으신다(창12:1-3). 아브라함과 그 후손들을 통하여 새 나라를 만들려고 하신다. 죄인들을 구속하여 심히 보시기에 좋은 나라를 만들기 위해서다. 야곱을 통하여 이스라엘 나라를 만드신다. 애굽으로 보내 큰 나라가 되게 하신다(출1:7). 창세기 1장 28절처럼 땅에 충만하게 하신다. 드디어 한 국가가 되었다.

이후에는 사사를 통하여 왕을 통하여 이스라엘 나라를 이끌어 가신다. 왕들을 세웠지만 그 왕들이 한 결 같이 타락한다. 그러나 하나님은 실망하지 않고 그의 구속사역을 계속하신다. 드디어 예수 그리스도께서 오셔서 구약의 예언들을 이루시고 하나님이 계획하셨던 바로 그 천국을 세우신다. 이 과정을 기록한 성경이 역사서이다. 창세기 출애굽기 민수기 여호수아 사사기 룻기 사무엘 열왕기 역대기이다. 특히 역대기는 역사서이기는 하지만 유다왕국의 역사만 기록하고 있다. 이스라엘의 역사를 좀 더 간략하게 이해하려면 열왕기 보다는 역대기를 먼저 읽는 것도 좋다.

왕과 백성들이 계속 죄를 범하자 바벨론에 포로로 잡혀 간다. 70년간 포로 생활을 한 뒤 해방이 되어 돌아온다. 다시 나라를 재건한다. 포로 이후 성전재건을 비롯하여 이스라엘나라의 회복의 과정을 기록한 성경이 에스라와 느헤미야 이다. 이렇게 먼저 역사서를 읽어서 성경의 전체 줄거리를 파악하는 것이 중요하다. 구약성경의 역사는 이스라엘 나라의 역사라고 해도 좋다. 그 이스라엘 역사 안에 하나님의 구원활동이 담겨있다.

다음은 레위기나 신명기를 읽는다. 이 두 성경은 일종의 법이다. 레위기는 제사에 관한 법이다. 읽을 때 지루한 느낌이 들 때가 있다. 그러나 그 속에 예수 그리스도의 죽음과 속죄 사역을 설명하는 내용이 풍성히 담겨 있다. 복음을 충분히 이해 한 다음 읽으면 더 없이 은혜로운 성경이다. 처음부터 이해가 안 된다고 답답해 할 필요는 없다.

신명기는 생활 속에서 지켜야 할 법들이다. 천국 백성들이 지켜야 할 일종의 시민법이다. 물론 두 성경 안에는 역사에 대한 기록도 있다. 그러나 그 주요 내용은 제사와 생활에 필요한 법이다. 이 두 성경은 따로 떼어서 읽어도 성경의 전체 흐름을 이해하는 데는 큰 지장이 없다.

대부분의 선지서는 그 배경이 왕정시대다. 주님이 선지자들을 통하여 왕들을 책망하시는 내용이다. 이사야 예레미야 예레미야애가 호세야 요엘 아모스 오바댜 요나 미가 나훔 하박국 스바냐 등이다. 에스겔서와 다니엘서는 바벨론 포로시대에 주신 말씀이다. 포로 생활하는 이스라엘 백성들에게 희망과 용기를 주시기 위해서 이다. 70년이 차면 다시 가나안으로 돌아가 성전을 회복한다는 내용이다. 학개 스가랴 말라기는 바벨론 포로 이후에 있었던 사건들을 기록한 성경이다. 이런 성경은 역사를 이해 한 뒤에 읽으면 이해하기가 더 쉽다.

다음은 시가서이다. 욥기 시편 잠언 전도서 등이다. 이런 성경은 일종의 시와 노래들이다. 생활에 관한 금언들이다. 욥기는 아브라함 시대, 시편은 다윗과 솔로몬시대, 잠언과 전도서는 솔로몬 시대를 배경으로 한다. 물론 기록되어질 그 당시의 역사적인 배경을 이해하면 그 의미가 더 분명하다. 하지만 그 배경을 잘 몰라도 전체 의미를 이해하는 데는 큰 지장이 없다. 그래서 우선 시가서를 각 권별로 따로 읽어도 된다. 성경을 많이 읽은 후에는 배경을 설명하는 역사서와 함께 읽으면 더 유익하다.

54

성경읽기를 지속할 수 있는 방법

성경을 꾸준히 읽으려면 점검해주는 사람이 있으면 좋다. 두 사람이 같이 읽는 것이 좋다. 부부, 형제나 자매, 부모, 친한 친구, 직장동료, 학교 친구 등과 함께 읽는다. 적어도 한 주간에 한 차례 만나 같이 읽는다. 읽고 서로 나누고 점검한다. 이것도 어려운 경우는 서로 점검이라도 해준다. 전화로 점검해도 된다. 아무튼 점검해주는 사람이 있는 것이 좋다. 혼자서는 지속적으로 성경을 읽는 것이 쉽지 않다.

점검노트를 활용한다. 매일 읽은 내용을 기록한다. 읽은 성경 이름을 적고 몇 장부터 몇 장 까지 읽었는지를 기록한다. 다음은 읽은 장수의 총계를 기록한다. 점검노트는 매일 매일 읽은 상황을 점검하는 노트다. 다른 것들은 읽은 성경을 점검하는 도구들이다. 그러나 점검노트는 매일 읽은 상황을 점검하는 것이 특징이다. 노트를 보면 자신이 매일 성경을 읽은 상황을 스스로 점검할 수 있다. 읽기 노트 자체가 선생님이다. 성경 속에 넣어두고 매일 매일 활용하면 큰 도움이 될 수 있다.

가정에서 가족과 함께 읽는다. 가족들과 매일 읽는 것이 가장 좋다. 힘들면 주중에 한 차례도 괜찮다. 가족들이 모이기 쉬운 날을 정한다. 토요일 저녁이나 주일 저녁이 좋다. 식사를 마치고 정리를 다 한 뒤 한다. 시간은 형편에 따라 자유롭게 해도 된다. 신앙고백을 하고 시작한다. 찬송과 기도를 한다. 가족이 돌아가며 몇 장 읽는다. 읽은 내용들을 서로 나눈다. 마지막에는 아버지가 자녀들에게 안수기도를 해준다. 가정예배 형식으로 해도 된다. 단 설교보다는 성경 자체를 읽는 것이 좋다.

이렇게 꾸준히 읽다 보면 성경 지식이 조금씩 쌓이고 신앙이 성장한다. 자녀들에게는 자연스럽게 신앙교육이 된다. 지속하다 보면 가정의 문화가 된다. 후손들에게 까지 신앙을 전수 해줄 수 있다. 신앙명가를 세우는 방법이 된다.

55

교회에서 성경읽기를 장려하는 방법

교회에서는 모일 때 마다 성경을 한 장씩 꾸준히 읽는다. 주일 오전 오후예배는 말할 것도 없고 수요기도회, 금요심야기도회, 구역예배나 목장 모임, 각종 소그룹 모임이나 회의 시, 모일 때 마다 성경을 한 장 이상 읽는다.

일반적으로 교회의 모든 모임 전에는 찬송을 한다. 성경에는 모일 때마다 먼저 찬송하라는 말씀은 없다. 하지만 언제부터인가 이렇게 되었다. 이른바 준비찬송은 이제는 교회의 중요한 문화가 되었다. 유익한 점이 많다. 성경읽기도 그렇게 하자는 것이다. 찬송도 하는데 성경읽기를 못 할 이유가 없지 않은가?

모일 때 마다 꾸준히 성경을 읽으면 우선 성도들이 성경의 내용을 알게 된다. 성경에 관심을 가지게 된다. 성경 지식이 조금씩 쌓여 갈 것이다. 한 주간 내내 성경을 한 장도 읽지 않는 성도들이 많다. 그러나 이렇게 하면 그런 성도들도 주중에 최소한 한두 장은 성경을 읽게 된다. 예배나 모임을 시작하기 전에 성경을 함께 읽으면 분위기가 더 안정된다.

설교자들은 강해할 본문만 읽지 말고 그 본문이 있는 한 장을 모두 다 읽는다. 설교할 때는 해당 본문만 강해하면 된다. 혹 한 구절만 강해할 때는 한 구절만 읽는 경우가 있다. 이런 경우는 본문이 너무 짧다. 설교자가 본문을 읽을 때도 성도들이 은혜를 받는다는 사실을 감안하면 한 구절만 읽는 것은 너무 아쉽다.

성경읽기가 활성화 되도록 다양한 프로그램을 개발해야한다. 전 후반기 마다 전교인이 한 주간씩 성경을 통독하는 것도 좋다. 성경퀴즈대회나 암송대회도 자주한다. 성경쓰기 운동도 한다. 여름성경학교나 각종 수련회시에는 성경 읽는 시간을 반드시 넣는다. 큐티하는 시간 외에 성경 자체를 읽는 순서를 넣는다. 심야기도회도 심야통독회로도 해 본다.

모 목사가 대학에 다닐 때 마약을 했다. 친구들에게 마약을 판매하기도 하고 자신도 했다. 하루는 마약 쇼크가 심하게 왔다. 너무나 괴로워서 방안에 던져져 있는 전도지를 붙잡고 기도했다. 전도지에는 성경이 몇 줄 적혀 있었다. '하나님 세상을 이처럼 사랑하사 독생자를 주셨다고 했으니 당신이 살아계시면 좀 도와주십시오'하고 기도했다. 놀랍게 안정이 되었다. 그 사건을 계기로 예수님을 믿고 완전히 치료받아 목사가 되었다. 자신이 다녔던 대학에서 마약하는 학생들에게 복음을 전하는 목사가 되었다. 전도지에 적혀 있던 성경 한 구절도 이렇게 능력이 있었다.

제발 성경 좀 읽어라

■
초판 1쇄 인쇄 / 2012년 12월 10일
초판 1쇄 발행 / 2012년 12월 15일

■
지은이/박 혁 식
펴낸이/김 수 관
펴낸곳/도서출판 영문
122-070 서울시 은평구 역촌동 10-82
☎ (02)357-8585
FAX • (02)382-4411
E-mail • kskym49@yahoo.co.kr

■
출판등록번호/제 03-01016호
출판등록일/1997. 7. 24

정가 5,000원
ISBN 978-89-8487-299-8 03230
Printed in Korea

저자 연락처 : H·P. 011-580-4732
Tel. 070-8252-4732
e-mail: parkworld55@naver.com